제 3 판

제 3 판

하영동 저

■ 머리말

이 책은 대학에서 프랑스어를 전공으로 배우려는 학생들을 주대상으로 하고 있다. 예전과 달리 요즈음의 학생들은 대학에서 처음으로 프랑스어를 접하는 경우가 많은데, 전공으로 하는 학생들도 사정은 마찬가지이다. 이런 현실에서 프랑스어와 프랑스 문학과 문화를 전공하려는 학생들에게 가장 절실히 요구되는 것은 무엇일까? 그것은 짧은 시간 내에 프랑스어 낱말들의 형태적 특징과 결합 규칙들을 체계적으로 습득하는 것일 것이다. 문법에 대한 이해 없이는 전공 수업을 원활하게 수강하는 데 필수적인 프랑스어 문장을 해독하고 산출하고 의사소통할 수 있는 능력을 제대로 갖출 수가 없기 때문이다. 이 책은 그런 목적을 달성하는 데 도움을 주기 위한 것이다.

이 책은 발음 부분을 제외하고 총 34강으로 구성되어 있다. 각 강의는 본문과 연습문제로 이루어져 있다. 본문의 문법 규칙은 간결하게 설명하고, 예문도 가능한 한 쉽고 일상적인 의사소통에서 곧장 활용할 수 있는 것들을 제시하려고 노력하였다. 주어진 예문들을 통하여 학습자가 규칙을 터득하고, 배운 것은 문제풀이를 통하여 복습할 수 있도록 각 강의마다 연습문제를 실었으며, 정답을 스스로 확인해 볼 수 있도록 부록에 해답을 제시하였다. 이와 더불어 주요 동사들의 활용형과, 본문에 실린 낱말들과 본 책에는 실리지 않았지만 프랑스어의 기본적인 어휘라고 판단되는 낱말들도 그 의미와 함께 부록에 실었다.

외국어를 배운다는 것은 크게 보면 어휘와 이들을 결합하는 규칙들을 습득하는 것이다. 그런데 어휘가 그 개방적인 특성으로 인하여 평생을 두고 배워나가야 하는 반면에 폐쇄적인 특징을 지닌 문법 규칙들은 단기간에 습득이 가능하다. 물론 한 외국어를 배워서 정보를 습득하고 의사소통을 자유자재로 할 경지에 이르는 데는 많은 시간이 필요하고 쉬운 일이 아니다. 그렇다고 결코 불가능한 것도 아니다. 외국어 습득의 어려움을 감수하고 인내하면서 천천히, 그러나 꾸준히 공부해 나간다면 언젠가는 기대하는 목적을 달성할 수 있을 것이다. 이 책이 그 목적지에 이르는데 조그마한 디딤돌이 될 수 있다면 저자로서 그보다 더 큰 보람은 없을 것이다.

2015년 8월

저자

■ 목 차

I. 알파벳과 철자 부호

1. 알파벳 (alphabet)

A	a	[ɑ]	N	n	[ɛn]
B	b	[be]	O	o	[o]
C	c	[se]	P	p	[pe]
D	d	[de]	Q	q	[ky]
E	e	[ə, e]	R	r	[ɛ:ʀ]
F	f	[ɛf]	S	s	[ɛs]
G	g	[ʒe]	T	t	[te]
H	h	[aʃ]	U	u	[y]
I	i	[i]	V	v	[ve]
J	j	[ʒi]	W	w	[dubləve]
K	k	[kɑ]	X	x	[iks]
L	l	[ɛl]	Y	y	[igʀɛk]
M	m	[ɛm]	Z	z	[zɛd]

2. 철자 부호 (signes orthographiques)

- ´ (accent aigu) thé, café, santé
- ` (accent grave) là, père, où
- ^ (accent circonflexe) âge, fenêtre, île, tôt, goût
- ¨ (tréma) Noël, maïs, haïr, Saül
- ¸ (cédille) ça, français, garçon, reçu
- ' (apostrophe) j'ai, l'école, l'homme, l'hôtel, s'il
- \- (trait d'union) peut-être, moi-même, est-ce que

Ⅱ. 발음과 철자

1. 모음 (voyelles)

■ 구강모음 (voyelles orales)

발음	철자	예
i	i, ï, î, y	ici, maïs, dîner, bicyclette
e	e, é, er, ai	et, été, aimer, ai
ɛ	e, è, ê, ai, ei	elle, mère, tête, chaise, neige
a	a, à	madame, table, à, là
y	u, û	une, bus, sûr, mûr
ø	eu, œu	feu, bleu, peu, vœu
ə	e	je, le, que, petit
œ	eu, œ, œu	heure, neuf, œil, sœur
u	ou, où, oû	jour, sous, où, goût
o	o, ô, au, eau	trop, hôtel, aussi, beau, gâteau
ɔ	o, au	coq, or, automne, autostop
ɑ	a, â	bas, repas, pâte

■ 비강모음 (voyelles nasales)

발음	철자	예
ɛ̃	im, in, ym, yn aim, ain, eim, ein en(단어끝)	simple, vin, sympathique, syndicat faim, pain, Reims, plein coréen, bien, rien
œ̃	um, un	parfum, un, lundi
ɔ̃	om, on	nom, tomber, bon, oncle
ɑ̃	am, an, em, en	chambre, quand, temps, enfant

■ 비강모음이 발음되지 않는 경우

- m이나 n이 모음과 모음 사이에 있을 때 :

  image　　animal　　vinaigre

- m, n이 중복될 때 :

  femme　　sommeil　　sonner

• 동사변화어미 :

ils aim<u>ent</u> elles finiss<u>ent</u> ils part<u>ent</u>

2. 반모음 또는 반자음 (semi-voyelles ou semi-consonnes)

발음	철자	예
j	i+모음, il, ill	hier, piano, soleil, travail, fille ☞ ville, mille, tranquille
ɥ	u+모음	lui, nuage, fruit
w	ou+모음	oui, ouest, douane
	oi [wa], oin [wɛ̃]	moi, toilettes, loin, moins

3. 자음 (consonnes)

발음	철자	예
p	p	appeler, pomme, père
b	b	beau, bien, abbé
t	t, th	table, tennis, théâtre
d	d	date, addition, sud
k	c, c(+a, o, u), k, qu	sac, café, colère, curieux, ski, kiosque, qui
g	g, g(+a, o, u), gu	glace, gare, gomme, guide, langue
f	f, ph	facile, difficile, téléphone
v	v, w	vin, visa, wagon
s	s, x, sc, ss, c(+e, i, y), ç	si, six, science, aussi, ce, ici, ciel, cycle, ça, français
z	z, s(모음자 사이), x	zéro, maison, deuxième, dix-huit
ʃ	ch	chaud, chez, chocolat
ʒ	j, g(+e, i, y)	jambe, âge, genou, girafe, gymnase
l	l	belle, long, aller
ʀ	r	mer, rouge, riche, terre
m	m	madame, magasin, monde, ami
n	n	animal, neuf, banane
ɲ	gn	campagne, mignon, montagne

4. 기본적인 발음 규칙

• 단어 끝에 위치한 자음은 원칙적으로 발음되지 않는다.

grand	petit	français	croix
☞ sud	huit	fils	index

• 단어 끝의 c, f, l, q, r는 발음되는 것이 일반적이다.

avec	neuf	sel	coq	jour
☞ tabac	clef	gentil	courrier	

• 단어 끝에 있는 모음 e는 발음되지 않고, 그 앞 자음이 발음되도록 도와줄 뿐이다.

grand - grande　　petit - petite　　français - française

• 단어 끝에 오는 모음 e에 é처럼 철자 부호가 붙을 경우에는 [e]로 발음된다.

été　　créé　　allé

• 어미에 s를 붙여 복수형을 만드는 경우, 단수형과 복수형의 발음이 같다.

grand - grands　　petit - petits　　lit - lits

• 자음이 겹치는 경우 소리 값이 같으면 하나의 자음처럼 발음하지만 소리 값이 다를 경우 각각 따로 발음한다.

donner [n]　　poisson [s]　　cette [t]

accident [ks]　　suggestion [gʒ]

• h는 유성 h와 무성 h가 있는데 둘 다 발음은 되지 않는다. 무성 h는 모음으로 취급하여 모음생략과 연독을 하는데 반해 유성 h는 자음으로 취급하여 모음생략이나 연독을 하지 않는다.

무성 h : l'homme　　l'hôtel　　l'hôpital

유성 h : le héros　　la haine　　la honte

5. 모음 생략 (élision)

ce[de, je, la, le, ne, se, si, que]+모음이나 무성 h → c'[d', j', l', l', n', s', s', qu']

ce, de, je, la 등 모음으로 끝나는 1음절 단어 뒤에 모음이나 무성 h로 시작하는 단어가 오면 앞 단어의 모음을 생략하고 '(apostrophe)를 찍고 붙여 쓴다.

le étudiant → l'étudiant [letydjɑ̃]
la étoile → l'étoile [letwal]
ce est → c'est [sɛ]
je ai → j'ai [ʒe]
le homme → l'homme [lɔm]

6. 연독 (liaison)

단어 끝의 발음되지 않는 자음자가 뒤에 오는 단어의 모음이나 무성 h와 만나서 발음되는 것을 연독이라 한다.

■ 연독을 해야 하는 경우

- 관사나 형용사+명사

  les⁀écoles des⁀arbres
  un petit⁀enfant un grand⁀ami un long⁀hiver

- 인칭대명사+동사나 동사+인칭대명사

  ils⁀ont vous⁀êtes
  Quand part⁀-il ? vient⁀-il

- 부사+형용사

  C'est plus⁀important.

- 명령법 동사+y나 en

  Allons⁀-y ! Prenez⁀-en !

- 접속사 quand 뒤에서

  Quand⁀il fait beau, on se promène.

• 몇몇 숙어 표현

de temps⁀en temps　　　tout⁀à coup

■ 연독을 할 때 발음에 변화가 오는 경우

• 앞 단어가 비모음으로 끝나는 경우, 비모음 뒤에 [n]음이 되살아난다.

ton⁀école　　　son⁀appartement

un⁀ami　　　en⁀effet

• s, x → [z]

des⁀avions　　　ils⁀ont

six⁀étudiants　　　deux⁀hommes

• d → [t]

un grand⁀amour　　　un grand⁀homme

un grand⁀arbre　　　quand⁀on dit

• f → [v]

neuf⁀heures　　　neuf⁀ans

☞ neuf oranges [nœfɔʀɑ̃ːʒ]

• g → [k]

long⁀hiver

■ 연독을 해서는 안 되는 경우

• 접속사 et 뒤에서

vingt et/ un　　　un homme et/ une femme

☞ et는 앞 단어와는 연독할 수 있다.

Mesdames⁀et Messieurs

- 명사 주어와 동사 사이
  Les enfants/ ont faim.

- 단수 명사와 단수 형용사 사이
  un enfant/ aimable   un Français/ élégant

- 의문사 quand이나 comment과 다음 단어 사이
  Quand/ est-il parti ?   Comment/ on fait ça ?

- 유성 h 앞
  très/ haut   les/ héros

7. 앙셴망 (enchaînement)

끝 자음이 발음되는 단어 뒤에 모음으로 시작하는 단어가 연속될 때, 이 두 음이 하나의 음절을 이루도록 연결하여 발음하는 것을 앙셴망이라 한다.

pour‿une‿enfant [pu-ʀy-nɑ̃-fɑ̃]
avec‿une‿amie [a-vɛ-ky-na-mi]
Il‿arrive. [i-la-ʀiv]

제1강 주어 인칭대명사와 être/avoir 동사

■ 주어 인칭대명사

	단수	복수
1인칭	**je**	**nous**
2인칭	**tu**	**vous**
3인칭	**il/elle/on**	**ils/elles**

• 1, 2인칭에서는 단수/복수의 구별만 있고, 남성/여성의 구별은 없다. 3인칭에서는 남성/여성, 단수/복수의 구별이 있다.

• 1, 2인칭은 사람만을 받으나, 3인칭은 사람뿐만 아니라 사물도 대신할 수 있다.
Où est **Pierre** ? – **Il** est chez lui.
Où est **le livre** ? – **Il** est sur la table.

• 3인칭 단수 il은 기후, 시간 등을 나타내는 형식상의 주어로도 사용된다.
Il fait beau.
Il pleut.
Il est cinq heures.

• 2인칭 복수 vous는 단수로도 사용된다. Tu가 친구나 친한 사이에 사용된다면, vous는 처음 보는 사람이나 잘 알지 못하는 사람 또는 상대방에게 존경이나 공손을 표할 때 사용된다.
Tu habites où ? – J'habite à Rouen.
Vous habitez où ? – J'habite à Paris.

Vous êtes Chinois ? – Non, je suis Coréen. (단수)
Vous êtes Japonais ? – Non, nous sommes Coréens. (복수)

• On은 1인칭 복수 nous 대신, 그리고 막연히 <사람, 사람들>을 가리킬 때 쓰인다.
Qu'est-ce qu'on fait ? = Qu'est-ce que nous faisons ?
Paul et moi, on est contents. (on = nous)
En Corée, on parle coréen. (on = les gens, les Coréens)

■ être 동사 현재 변화

je **suis**	nous **sommes**
tu **es**	vous **êtes**
il/elle **est**	ils/elles **sont**

• 자동사로서 <존재하다, 있다>의 뜻으로 쓰인다.

Je pense, donc je suis.

Je suis à Séoul.

Elle est à la maison.

Nous sommes à Paris.

• 속사를 동반하여 <~이다>의 뜻으로 쓰인다.

Je suis Coréen.

Japonais.

Chinois.

Français.

Anglais.

Allemand.

Je suis étudiant.

Je suis célibataire.

Il est fatigué.

Elle est belle.

Nous sommes heureux.

Vous êtes gentil.

La Terre est ronde.

■ avoir 동사 현재 변화

j'**ai**	nous **avons**
tu **as**	vous **avez**
il/elle **a**	ils/elles **ont**

• 타동사로서 <가지다, 소유하다>의 뜻으로 쓰인다.

J'ai un vélo.

J'ai 20 ans.
Il a beaucoup de livres.
Elle a une maison.
Vous avez un téléphone portable ?
Ils ont deux enfants.

• 관사가 없는 명사와 함께 동사구를 이룬다.

avoir chaud
    froid
    faim
    soif
    sommeil
    peur
    raison
    tort

avoir besoin de
    envie de
    mal à+신체의 일부분

J'ai chaud[froid].
J'ai soif.
Il a faim.
Nous avons sommeil.
Il a besoin d'argent.
Elle a envie de dormir.
Elle a mal à la tête.

• <～이 있다>라는 뜻의 관용구 **il y a**를 이룬다.

Il y a un dictionnaire sur la table.
Il y a quelqu'un dans le jardin.
Il y a beaucoup de touristes à Paris.

Exercices

1. 밑줄 친 곳에 être 동사의 현재형을 쓰시오.

(1) Je ____________ Coréen.

(2) Elle ______________ Japonaise.

(3) Tu ______________ jolie.

(4) Je ________________ malade.

(5) Vous ______________ gentil.

(6) Elle ______________ belle.

(7) Ils _____________ contents.

(8) On _______________ fatigués.

(9) Nous _______________ heureux.

2. 밑줄 친 곳에 avoir 동사의 현재형을 쓰시오.

(1) Je ______________ faim.

(2) Elles _____________ soif.

(3) Vous _____________ froid ?

(4) Elle ________________ raison.

(5) Nous _______________ de l'argent.

(6) Il y ____________ un livre sur la table.

(7) Nous _____________ 20 ans.

(8) Vous ____________ mal à la tête ?

(9) Tu __________ un vélo ?

3. 밑줄 친 곳에 avoir나 être 동사를 사용하여 문장을 만드시오.

(1) Je ________________ étudiant.

(2) Vous ____________ soif ?

(3) Tu _____________ mignonne.

(4) Elle ____________ beaucoup d'amis.

(5) Vous ____________ l'heure ?

(6) Ils ___________ une maison.

(7) Vous _______________ Français ?

(8) Tu __________ de la chance.

제2강 명사 (1) : 여성형 만들기

프랑스어의 모든 명사에는 성과 수의 구별이 있어, 남성과 여성, 단수와 복수로 나뉜다. 일반적으로 명사는 관사와 같은 한정사와 함께 쓰인다.

■ 명사의 성

• 자연성을 따르는 일부 명사를 제외하고 문법성을 따르는 명사의 성 구별은 자의적이다.

	남성명사	여성명사
자연성	homme père garçon	femme mère fille
문법성	soleil jour ciel	lune nuit terre

• 어미가 성을 구별하는 데 도움을 주기도 한다.

	어미	예
남성	-ment	appartement, commencement, enseignement
	-phone	interphone, magnétophone, téléphone
	-scope	caméscope, horoscope, magnétoscope
	-sme	classicisme, égoïsme, tourisme
	-eau	bureau, couteau, manteau
	-teur	acteur, lecteur, ordinateur
여성	-tion	addition, compétition, nation
	-sion	compréhension, télévision, version
	-ette	baguette, bicyclette, étiquette
	-esse	jeunesse, sagesse, vitesse
	-ance/-ence	connaissance, naissance, patience

■ 명사의 여성형 만드는 법

- 원칙 : 남성형+e
  un étudiant → une étudiante
  un ami → une amie

- -e → -esse
  un maître → une maîtresse
  un hôte → une hôtesse
  un prince → une princesse

- -an, -en, -on, -at, -et, -ot : 마지막 자음을 중복한 뒤 e를 첨가한다.
  un paysan → une paysanne
  un lycéen → une lycéenne
  un lion → une lionne
  un chat → une chatte
  un cadet → une cadette
  un sot → une sotte

- -er → -ère
  un étranger → une étrangère
  un boulanger → une boulangère
  un écolier → une écolière

- -eur → -euse
  un vendeur → une vendeuse
  un chômeur → une chômeuse
  un chanteur → une chanteuse

- -teur → -trice
  un acteur → une actrice
  un directeur → une directrice
  un lecteur → une lectrice

• -x → -se

un époux → une épouse

• -f → -ve

un veuf → une veuve

un Juif → une Juive

* 특수한 여성형의 명사

un héros → une héroïne

un dieu → une déesse

un copain → une copine

* 남성·여성 공통으로 쓰이는 명사

un artiste / une artiste

un malade / une malade

un touriste / une touriste

un élève / une élève

un enfant / une enfant

un secrétaire / une secrétaire

* 일부 직업을 나타내는 명사에는 남성형만 있고 여성형이 존재하지 않는 것이 있다. 이러한 명사들의 여성형은 명사 앞에 femme를 붙여서 만든다.

un professeur → une femme professeur

un médecin → une femme médecin

un écrivain → une femme écrivain

* 성에 따라 의미가 달라지는 명사

un tour 회전, 일주 / une tour 탑

un livre 책 / une livre 파운드

un mode 방식 / une mode 유행

un manche 손잡이 / une manche 소매

un mémoire 논문 / une mémoire 기억(력)

Exercices

1. 다음 명사들을 남성명사와 여성명사로 나누어 보시오.

garçon, fille, sœur, mère, frère, père, chien, chat, musée, ami, homme, chambre, connaissance, gouvernement, étrangère, voyageur, chanteuse, épouse, veuve, héros, cadet, hôtesse, boulanger, acteur

남성명사	여성명사
garçon	fille

2. 다음 명사들 중 남성명사는 그 여성형을, 여성명사는 그 남성형을 쓰시오.

(1) étudiant
(2) maître
(3) ami
(4) lycéen
(5) chanteur
(6) prince
(7) veuf
(8) actrice
(9) étrangère
(10) Coréenne
(11) boulanger
(12) directeur

3. 다음 명사의 뜻을 쓰시오.

(1) un livre
(2) une tour
(3) un mode
(4) une manche
(5) une mode
(6) un mémoire

■ 명사의 복수형 만드는 법

• 원칙 : 단수형+s

un étudiant → des étudiants
une étudiante → des étudiantes
un homme → des hommes
une femme → des femmes

• 어미가 -s, -x, -z로 끝나는 명사는 단수와 복수의 형태가 같다.

un bus → des bus
un fils → des fils
un pays → des pays
un bras → des bras
une voix → des voix
un prix → des prix
un nez → des nez

• -au, -eau, -eu, -œu+x

un tuyau → des tuyaux
un manteau → des manteaux
un cheveu → des cheveux
un vœu → des vœux
☞ un bleu → des bleu**s**
un pneu → des pneu**s**
un landau → des landau**s**

• -al → -aux

un journal → des journaux
un animal → des animaux
un cheval → des chevaux

un hôpital → des hôpitaux

☞ un bal → des bal**s**

un carnaval → des carnaval**s**

un festival → des festival**s**

- -ail → -ails

un rail → des rails

un détail → des détails

☞ un vitrail → des vitr**aux**

un travail → des trav**aux**

- -ou → -ous

un clou → des clous

un cou → des cous

un trou → des trous

☞ **bijou, caillou, chou, genou, hibou, joujou, pou**의 복수에는 x를 붙인다.

* 특수한 복수형

un œil → des yeux

monsieur → messieurs

madame → mesdames

mademoiselle → mesdemoiselles

bonhomme → bonshommes

■ 합성명사의 복수형 만드는 법

- 명사+명사, 형용사+명사, 형용사+형용사 : 둘 다 복수형

un chef-lieu → des chefs-lieux

un grand-père → des grands-pères

un beau-frère → des beaux-frères

un dernier-né → des derniers-nés

un sourd-muet → des sourds-muets

☞ un timbre-poste → des timbres-poste

• 명사+전치사+명사 : 앞의 명사만 복수로

un arc-en-ciel → des arcs-en-ciel

un chèque de voyage → des chèques de voyage

une pomme de terre → des pommes de terre

une boucle d'oreille → des boucles d'oreille

☞ un tête-à-tête → des tête-à-tête

• 동사[전치사]+명사 : 명사만 복수로

un tire-bouchon → des tire-bouchons

une arrière-pensée → des arrière-pensées

☞ un gratte-ciel → des gratte-ciel

un porte-monnaie → des porte-monnaie

• 불변의 합성명사

un va-et-vient → des va-et-vient

un passe-partout → des passe-partout

un rendez-vous → des rendez-vous

* 복수로만 쓰이는 명사

les grands-parents 조부모

les fiançailles 약혼식

les toilettes 화장실

les arrhes 선금

* 단수와 복수에서 뜻이 달라지는 명사

une lunette 망원경 / des lunettes 안경

un ciseau 끌 / des ciseaux 가위

la vacance 공석 / les vacances 바캉스, 휴가

la lettre 편지 / les lettres 문학

Exercices

1. 다음 명사의 복수형을 쓰시오.

(1) cou
(2) pays
(3) cheveu
(4) animal
(5) bijou
(6) mademoiselle
(7) bal
(8) rail
(9) monsieur
(10) pneu

2. 다음 명사들 중 단수형은 복수형으로, 복수형은 단수형으로 바꾸시오.

(1) étudiant
(2) manteau
(3) chevaux
(4) journal
(5) festival
(6) clou
(7) œil
(8) travaux
(9) mesdames
(10) animaux

3. 다음 합성명사의 복수형을 쓰시오.

(1) un beau-frère
(2) un arc-en-ciel
(3) un chèque de voyage
(4) un va-et-vient
(5) un grand-père

4. 다음 명사의 뜻을 쓰시오.

(1) les fiançailles
(2) une lunette
(3) des ciseaux
(4) la vacance
(5) les lettres

제4강 관사 (1) : 부정관사와 정관사

1. 부정관사

■ 형태

	남성	여성
단수	**un**	**une**
복수	**des**	

■ 용법

• 한정되지 않은 막연한 사람이나 사물 명사 앞에서 <어떤>, <하나의>, <몇몇의> 등의 의미로 사용된다.

un garçon
des garçons

un homme
des hommes

une fille
des filles

une femme
des femmes

• **복수형용사+복수명사** 앞에서 des는 **de**로 바뀐다.

un grand arbre → **de** grands arbres

une bonne nouvelle → **de** bonnes nouvelles

J'ai un bon livre. → J'ai **de** bons livres.

Il y a un autre problème. → Il y a **d'**autres problèmes.

☞ 형용사와 명사가 밀접하게 연관되어 하나의 어군으로 된 것은 변하지 않는다.

des jeunes gens
des jeunes filles

des grands magasins
des petites annonces

2. 정관사

■ 형태

	남성	여성
단수	**le[l']**	**la[l']**
복수	**les**	

• 정관사 le, la는 모음이나 무성 h로 시작되는 명사 앞에서 l'로 축약된다.

le ami → l'ami

le homme → l'homme

la école → l'école

la heure → l'heure

■ 용법

• 명사가 보어에 의해 한정될 때

le stylo de Pierre

la fille de Monsieur Corbin

• 명사가 총체적이거나 일반적인 의미를 가질 때

L'homme est mortel.

La patience est une vertu.

• 이미 언급되어 알려진 것이나 유일한 것을 나타낼 때

C'est une chambre. Dans la chambre, il y a une table et une télévision.

Le soleil se lève.

La lune est claire.

C'est l'Arc de Triomphe[la tour Eiffel].

• 대륙, 국가, 지방, 산, 강 이름 앞에

l'Asie

l'Europe

la France

le Mexique

l'Alsace

la Bretagne

les Alpes

les Pyrénées

la Seine

la Méditerranée

• 계절 이름, 방위명, 병명, 학술명 앞에

le printemps	l'été	l'automne	l'hiver
l'est	l'ouest	le sud	le nord
la grippe	la philosophie		

Le printemps est une saison agréable.

• 날짜의 표현 : le+숫자

Nous sommes le trois mars.

Je suis né le 5 novembre 1997.

☞ 1일은 서수를 씀 : le premier mai

• 요일명 앞에 정관사가 쓰이면 <매 ~요일마다>의 뜻이다.

Le dimanche, je ne travaille pas.

Le lundi, je suis fatigué.

* 요일 : lundi, mardi, mercredi, jeudi, vendredi, samedi, dimanche

• 신체 부위

Il se lave les mains.

Elle a mal à la tête.

• 가족, 직함

les Kim

le Premier ministre

le Président de la République

• 무게, 속도 단위

5 euros le kilo

60 kilomètres à l'heure

Les tomates coûtent 2 euros le kilo.

Exercices

1. 다음 명사 앞에 알맞은 부정관사를 쓰시오.

(1) ____________ garçon (2) ____________ fille

(3) ____________ amies (4) ____________ dictionnaire

(5) ____________ chatte (6) ____________ femme

(7) ____________ tables (8) ____________ hommes

(9) ____________ chanteuse (10) ____________ étranger

2. 다음 명사 앞에 알맞은 정관사를 쓰시오.

(1) ____________ garçon (2) ____________ hôpital

(3) ____________ piano (4) ____________ dictionnaires

(5) ____________ oncle (6) ____________ femmes

(7) ____________ tables (8) ____________ homme

(9) ____________ école (10) ____________ hôtel

(11) ____________ amie (12) ____________ tête

3. 밑줄 친 곳에 알맞은 부정관사를 넣어 문장을 완성하시오.

Dans mon salon, il y a __________ divan, __________ fauteuils, __________ télévision, _________ tapis rouge, _________ rideaux blancs, _________ armoire et _________ vase noir avec _________ fleurs blanches.

4. 보기와 같이 제시된 단어를 이용하여 문장을 만드시오.

보기 : espagnol, langue latine → L'espagnol est une langue latine.

(1) football, sport populaire → ______________________________

(2) France, pays d'Europe → ______________________________

(3) oranges, fruits → ______________________________

4

제5강 관사 (2) : 부분관사와 축약관사

1. 부분관사

■ 형태

	남성	여성
단수	**du[de l']**	**de la[de l']**

du pain | du sucre
de la confiture | de la chance

• du, de la는 모음이나 무성 h로 시작되는 명사 앞에서는 de l'로 된다.

de l'argent | de l'eau
de l'humour | de l'huile

■ 용법

• 셀 수 없는 양적인 개념의 물질명사나 추상명사 앞에 사용된다.

Il boit du café.
Il y a de l'air aujourd'hui.
Il a de l'humour.
Elle a du courage et de la patience.

• 셀 수 있는 명사 앞에서는 전체의 '부분'을 나타낸다.

Je prends du melon.
Il mange du poisson.

2. 축약관사

• 전치사 à, de 다음에 정관사 le, les가 오면 다음과 같이 축약된다.

à+le → **au** | à+les → **aux**
de+le → **du** | de+les → **des**

Il va **au** musée.
Je mange **au** restaurant.
Nous allons **au** cinéma.
Elle est **aux** États-Unis.
Il parle **aux** filles.

Il parle **du** garçon.
Il parle **des** garçons.

☞ à+la[l'], de+la[l']는 축약되지 않는다.
J'habite **à la** campagne.
Elle va **à l'**hôpital.
Il parle **de la** fille.
Elle étudie l'histoire **de l'**art.

5

3. 관사의 생략

- 속사가 사람의 직업이나 신분, 국적 등을 나타낼 때
  Il est étudiant.
  Elle est Coréenne.

- 동격
  Paris, capitale de la France
  Emmanuel Macron, Président de la République française

- 수량을 나타내는 표현

beaucoup de	peu de
trop de	tant de
une tasse de	un verre de
une bouteille de	un paquet de
un kilo de	un litre de

un verre d'eau
une bouteille d'eau
un kilo d'oranges
une tasse de café
un paquet de cigarettes
un litre de lait
Il y a beaucoup de fleurs dans le jardin.
J'ai trop de choses à faire.

☞ bien de, la plupart de 뒤에는 정관사를 쓴다.
bien du(← de le) monde
la plupart du(← de le) monde
bien des(← de les) étudiants
la plupart des(← de les) étudiants

• 월명, 요일명 앞에서
Janvier est le premier mois de l'année.
Nous sommes mercredi.

☞ 요일명에는 일반적으로 관사를 붙이지 않으나 부정관사가 붙으면 <어느 ~요일>을, 정관사가 붙으면 <매 ~요일마다>를 의미한다.
Un dimanche après-midi à l'île de la Grande Jatte
On ne travaille pas le samedi.

• 명사와 명사가 전치사로 연결되어 한 단어처럼 쓰일 때
une salle de bain
une tasse à café
une tasse de café
un professeur de français

• 동사 숙어나 관용 표현에서
avoir faim[soif / sommeil]
en avion[train / voiture / métro / bateau]

J'ai faim.
Vous avez soif ?
Elle a sommeil.
Vous allez à Paris en train ou en avion ?

Exercices

1. 다음 명사 앞에 알맞은 부분관사를 쓰시오.

(1) ____________ sucre

(2) ____________ eau

(3) ____________ pain

(4) ____________ viande

(5) ____________ argent

(6) ____________ courage

(7) ____________ espoir

(8) ____________ huile

(9) ____________ chance

(10) ____________ patience

5

2. 밑줄 친 곳에 알맞은 축약관사를 쓰시오.

(1) Elle va __________ musée.

(2) Pierre va ____________ hôpital.

(3) Elle est ______________ États-Unis.

(4) Voilà la table _______________ garçon.

(5) Voilà les livres ______________ filles.

3. 밑줄 친 곳에 알맞은 관사를 쓰시오. 단, 필요 없는 곳은 ×로 표시하시오.

(1) _________ homme est mortel.

(2) J'ai _________ faim.

(3) ____________ printemps est une saison agréable.

(4) Je bois __________ eau.

(5) Il a ___________ courage.

(6) J'aime ___________ café.

(7) Il est ____________ Français.

(8) Elle a _______________ patience.

(9) Elle porte _______________ lunettes.

(10) Elle est ____________ Canadienne.

제6강 품질형용사

품질형용사는 명사나 대명사를 수식하거나 주어나 목적어의 속사로 쓰인다. 수식하는 명사나 대명사, 설명하는 주어와 목적어의 성과 수에 일치한다.

un étudiant **étranger**
une chanteuse **française**
Elle est **mignonne.**
La vie est **chère** en France.

■ 품질형용사의 여성형 만드는 법

• 원칙 : 남성 단수 어미+e

grand → grande
petit → petite
joli → jolie
gratuit → gratuite

• 형용사의 어미가 e인 경우 남성형과 여성형이 동일하다.

facile → facile
difficile → difficile
utile → utile
agréable → agréable

• er → ère

premier → première
dernier → dernière
étranger → étrangère
léger → légère
cher → chère

• 어미가 -as, -el, -eil, -en, -et, -il, -on, -os, -ot로 끝나는 것은 자음을 중복하고 e를 붙인다.

bas → basse
actuel → actuelle
pareil → pareille
coréen → coréenne
muet → muette
gentil → gentille
bon → bonne
gros → grosse
sot → sotte

- x → se

heureux → heureuse
jaloux → jalouse
sérieux → sérieuse
dangereux → dangereuse
☞ dou**x** → dou**ce**
fau**x** → fau**sse**

- eur → euse

travailleur → travailleuse
gagneur → gagneuse
pleureur → pleureuse
menteur → menteuse

☞ 라틴어에서 온 다음 형용사들은 e를 붙인다.

antérieur	postérieur	meilleur
inférieur	intérieur	extérieur

- teur → trice

créateur → créatrice
directeur → directrice
navigateur → navigatrice

- f → ve

actif → active
sportif → sportive
neuf → neuve
créatif → créative

- c → che

blanc → blanche
franc → franche
☞ grec → grec**que**
public → publi**que**

- 특수한 여성형

favori → favori**te**
frais → fra**îche**
long → long**ue**
malin → mali**gne**
jumeau → **jumelle**
aigu → aigu**ë**

■ 남성 제2형을 갖는 형용사

다음의 형용사는 모음이나 무성 h로 시작하는 남성 단수 명사 앞에서 제2형의 형용사를 쓴다. 이들 형용사의 여성형은 제2형으로부터 만들어진다.

남성 제1형	남성 제2형	여성형
beau	**bel**	belle
fou	**fol**	folle
mou	**mol**	molle
nouveau	**nouvel**	nouvelle
vieux	**vieil**	vieille

un **bel** homme
un **fol** espoir
un **mol** oreiller
un **nouvel** appartement
un **vieil** homme

■ 품질형용사의 복수형 만드는 법

• 원칙 : 단수형+s
grand → grands
grande → grandes
petit → petits
petite → petites

• 어미가 s, x로 끝난 형용사는 그대로
frais → frais
heureux → heureux
gros → gros
faux → faux

• -eau → -eaux
beau → beaux
nouveau → nouveaux
jumeau → jumeaux

• -al → -aux
normal → normaux
légal → légaux
égal → égaux
principal → principaux
☞ banal → banals
final → finals

■ 품질형용사의 위치

- 원칙적으로 형용사는 명사 뒤에 위치한다. 특히 국적, 색깔, 형태, 체제 등을 나타내는 형용사는 반드시 명사 뒤에 쓰인다.
  une étudiante coréenne　　une fille française
  une robe bleue　　une voiture rouge
  un visage rond　　un pays démocratique

- 분사에서 파생된 형용사도 명사 뒤에 위치한다.
  une porte fermée　　un enfant dormant
  une journée fatigante

- 주로 명사 앞에 위치하는 형용사 :

bon	mauvais	grand	petit
jeune	vieux	même	autre
beau	joli	long	haut

  un bon repas 좋은 식사 / un mauvais produit 불량품
  un grand arbre 큰 나무 / une petite maison 작은 집
  un jeune homme 젊은이 / une vieille dame 노부인
  la même chose 같은 것 / un autre jour 다른 날
  une jolie robe 예쁜 옷 / un long hiver 긴 겨울
  une haute montagne 높은 산

- 일부 형용사는 의미 차이 없이 명사 앞이나 뒤에 올 수 있다. 형용사가 명사 앞에 위치하면 더 주관적인 성격을 지닌다.
  une intéressante conférence = une conférence intéressante
  une conversation ennuyeuse = une ennuyeuse conversation
  C'est une histoire incroyable. = C'est une incroyable histoire.

■ 위치에 따라 의미가 달라지는 형용사

	명사 앞	명사 뒤
ancien	이전의, 퇴직한	오래전부터의, 고대의
brave	친절한, 정직한	용감한
certain	어느, 어떤	확실한, 틀림없는
cher	친애하는, 경애하는	값비싼
dernier	마지막의, 최근의	지난, 요전의
nouveau	신규의, 새로 교체한	최신의, 최근에 생긴
pauvre	가련한, 불쌍한	가난한, 빈곤한
premier	처음의, 최고의	근본적인, 본래의
sale	고약한, 비열한	지저분한, 더러운

un ancien professeur 전직 교수 / un professeur ancien 나이든 교수
un ancien ami 옛날 친구 / un ami ancien 오래전부터의 친구
un brave homme 정직한 사람 / un homme brave 용감한 사람
un certain risque 어떤 위험 / un risque certain 확실한 위험
un cher ami 사랑하는 친구 / une robe chère 비싼 원피스
le dernier métro 마지막 지하철 / la semaine dernière 지난주
une nouvelle voiture 새 자동차 / une voiture nouvelle 신형차
un nouveau professeur 신임 교수 / une ville nouvelle 신도시
un pauvre garçon 불쌍한 소년 / un garçon pauvre 가난한 소년
le premier amour 첫사랑 / une matière première 원료
un sale homme 비열한 사람 / un homme sale 더러운[지저분한] 사람

Exercices

1. 다음 형용사들 가운데 남성형은 그 여성형을, 여성형은 그 남성형을 쓰시오.

(1) grand
(2) beau
(3) jolie
(4) vieux
(5) folle
(6) premier
(7) heureuse
(8) jaloux
(9) travailleur
(10) menteur
(11) neuve
(12) ancienne
(13) gros
(14) pareil
(15) ambigu
(16) franc
(17) blanc
(18) meilleur
(19) favori
(20) français

2. 다음 형용사의 복수형을 쓰시오.

(1) petit
(2) beau
(3) nouveau
(4) royal
(5) doux
(6) heureux
(7) bleu
(8) final
(9) belle
(10) banal

3. ( ) 안의 형용사를 알맞은 형태로 고치시오.

(1) les yeux ________________ (noir)
(2) une fille ________________ (heureux)
(3) des fleurs ________________ (blanc)
(4) un ________________ hôpital (nouveau)
(5) une chanson ________________ (doux)
(6) un ________________ appartement (nouveau)
(7) une ________________ histoire (beau)
(8) une ________________ amie (nouveau)
(9) une ________________ robe (beau)
(10) une ________________ dame (vieux)

제7강 직설법 현재 (1) : 규칙 동사

1. 제1군 동사

제1군 동사는 어미가 **-er**로 끝나는 동사로 그 활용이 규칙적이다.

■ 형태 : **어간+현재형 어미**

- 어간 : 동사원형에서 -er를 제외한 부분
- 현재형 어미 :

je[j']	**-e**	nous	**-ons**
tu	**-es**	vous	**-ez**
il/elle	**-e**	ils/elles	**-ent**

- 제1군 동사 현재 변화의 예

aimer	parler	travailler
j'aime	je parle	je travaille
tu aimes	tu parles	tu travailles
il/elle aime	il/elle parle	il/elle travaille
nous aimons	nous parlons	nous travaillons
vous aimez	vous parlez	vous travaillez
ils/elles aiment	ils/elles parlent	ils/elles travaillent

☞ 1, 2, 3인칭 단수 어미 -e, -es, -e, 3인칭 복수 어미 -ent는 발음되지 않는다.

- 1군 동사의 예들 : arriver, chanter, danser, déjeuner, demander, dîner, écouter, habiter, inviter, laisser, marcher, monter, présenter, refuser, regarder, rencontrer, rester, souhaiter, téléphoner, trouver, visiter

J'aime le café.
Elle écoute la radio tous les soirs.
Vous habitez où ? – Nous habitons à Paris.
Ils rencontrent leurs amis au café.

■ 제1군 동사의 변칙

- 제1군 동사들 가운데 활용 어미는 그대로 동일하지만 발음상의 이유로 1, 2, 3인칭 단수와 3인칭 복수 어간에 약간의 변화가 생기는 동사들이 있다. 이러한 동사들은 제1군 동사의 변칙으로 본다. 변칙의 유형은 다음과 같다.

1) [e+자음+어미]에서 e가 è로 변한다 : acheter, lever, peser, promener
2) [é+자음+어미]에서 é가 è로 변한다 : préférer, espérer, posséder
3) [e+자음+어미]의 자음이 이중 자음이 된다 : appeler, jeter
4) -yer 동사에서는 y이 i로 된다 : employer, ennuyer, envoyer, nettoyer

acheter	préférer	appeler	employer
j'ach**è**te	je préf**è**re	j'appe**ll**e	j'emplo**i**e
tu ach**è**tes	tu préf**è**res	tu appe**ll**es	tu emplo**i**es
il/elle ach**è**te	il/elle préf**è**re	il/elle appe**ll**e	il/elle emplo**i**e
nous achetons	nous préférons	nous appelons	nous employons
vous achetez	vous préférez	vous appelez	vous employez
ils/elles ach**è**tent	ils/elles préf**è**rent	ils/elles appe**ll**ent	ils/elles emplo**i**ent

- payer, essayer처럼 어미가 -ayer일 때는 y를 i로 바꾸어도 되고 그대로 두어도 된다.

payer	essayer
je paye[paie]	j'essaye[essaie]
tu payes[paies]	tu essayes[essaies]
il/elle paye[paie]	il/elle essaye[essaie]
nous payons	nous essayons
vous payez	vous essayez
ils/elles payent[paient]	ils/elles essayent[essaient]

Il achète des livres.
Elle préfère aller au cinéma.
Nous appelons un taxi.
Je paie[paye] l'addition.

- -cer, -ger 형태의 동사에서는 1인칭 복수에서만 발음상의 이유로 c가 ç로, g가 ge로 변한다.

  c → ç : avancer, commencer

  g → ge : changer, manger, nager

  nous avan**ç**ons　　　nous commen**ç**ons

  nous chan**ge**ons　　　nous man**ge**ons

2. 제2군 동사

제2군 동사는 어미가 **-ir**로 끝나는 동사로 그 활용이 규칙적이다.

■ 형태

- 어간 : 동사원형에서 -ir를 제외한 부분
- 현재형 어미 :

je	**-is**	nous	**-issons**
tu	**-is**	vous	**-issez**
il/elle	**-it**	ils/elles	**-issent**

- 제2군 동사의 현재변화의 예

finir	choisir
je finis	je choisis
tu finis	tu choisis
il/elle finit	il/elle choisit
nous finissons	nous choisissons
vous finissez	vous choisissez
ils/elles finissent	ils/elles choisissent

- 2군 동사의 예들 : applaudir, bâtir, grandir, obéir, punir, réfléchir, réussir, rougir, saisir

  Je finis mon devoir.

  On choisit le plat du jour.

  Ils obéissent aux lois.

  Réfléchissez bien avant de parler !

Exercices

1. ( ) 안에 제시된 동사를 현재형으로 변화시켜 문장을 완성하시오.

(1) Je __________ français. (parler)

(2) Vous ______________ où ? (habiter)

(3) Elle ______________ la musique. (aimer)

(4) Nous ______________ la télévision. (regarder)

(5) Beaucoup d'enfants _______________ à la cantine de leur école. (déjeuner)

2. ( ) 안에 제시된 동사를 현재형으로 변화시켜 문장을 완성하시오.

(1) Elle ___________ des gâteaux pour ses enfants. (acheter)

(2) Il ______________ le thé au café. (préférer)

(3) Elle _______________ son chien matin et soir. (promener)

(4) Il _______________ une très bonne mémoire. (posséder)

(5) Je _________________ un e-mail à un ami. (envoyer)

(6) Nous ___________________ un taxi. (appeler)

(7) Il _____________ réussir. (espérer)

(8) Qui _______________ l'addition ? (payer)

(9) Tu ______________________ toujours la même chose. (répéter)

(10) Aujourd'hui, elle _______________ la cuisine. (nettoyer)

3. ( ) 안에 제시된 동사를 현재형으로 변화시켜 문장을 완성하시오.

(1) Nous _______________ en train. (voyager)

(2) Nous _______________ souvent des pâtes. (manger)

(3) Nous _______________ nos euros contre des dollars. (changer)

(4) Nous _______________ le travail à 9 heures. (commencer)

4. ( ) 안에 제시된 동사를 현재형으로 변화시켜 문장을 완성하시오.

(1) À quelle heure vous ________________ votre travail ? (finir)

(2) Je ________________ à mes parents. (obéir)

(3) On _______________ le plat du jour. (choisir)

(4) Tu __________________ beaucoup. (grandir)

(5) La pluie ne _____________________ pas de tomber. (finir)

제8강 직설법 현재 (2) : 불규칙 동사와 직설법 현재의 용법

■ 불규칙 동사

불규칙 동사들은 어미가 불규칙하게 변화하고 어간 역시 원형과 달라지기도 하므로 그 형태를 암기할 수밖에 없다.

• 주요 불규칙 동사들

aller	faire	dire	savoir
je vais	je fais	je dis	je sais
tu vas	tu fais	tu dis	tu sais
il/elle va	il/elle fait	il/elle dit	il/elle sait
nous allons	nous faisons	nous disons	nous savons
vous allez	vous faites	vous dites	vous savez
ils/elles vont	ils/elles font	ils/elles disent	ils/elles savent

Vous allez où ? – Je vais au cinéma.
Elle fait du piano.
Nous faisons du tennis le dimanche.
Elle dit la vérité.
Vous dites n'importe quoi.
Je ne sais pas son nom.
Vous savez conduire ?

venir	partir	vouloir	pouvoir
je viens	je pars	je veux	je peux
tu viens	tu pars	tu veux	tu peux
il/elle vient	il/elle part	il/elle veut	il/elle peut
nous venons	nous partons	nous voulons	nous pouvons
vous venez	vous partez	vous voulez	vous pouvez
ils/elles viennent	ils/elles partent	ils/elles veulent	ils/elles peuvent

Elle vient chez moi tous les jours.
L'avion part pour Paris.

Il veut prendre un café.
Nous voulons parler français.
Je peux vous aider ?
Vous pouvez sortir la nuit.

attendre	prendre	connaître	écrire
j'attends	je prends	je connais	j'écris
tu attends	tu prends	tu connais	tu écris
il/elle attend	il/elle prend	il/elle connaît	il/elle écrit
nous attendons	nous prenons	nous connaissons	nous écrivons
vous attendez	vous prenez	vous connaissez	vous écrivez
ils/elles attendent	ils/elles prennent	ils/elles connaissent	ils/elles écrivent

J'attends le train.
Il prend le déjeuner à midi.
Nous connaissons cette ville.
Elle écrit rarement à ses parents.

- 불규칙 동사 가운데, ouvrir, offrir처럼 원형의 어미는 -ir이지만 제1군 동사와 같이 변화는 동사들도 있다.

ouvrir	offrir
j'ouv**re**	j'off**re**
tu ouv**res**	tu off**res**
il/elle ouv**re**	il/elle off**re**
nous ouv**rons**	nous off**rons**
vous ouv**rez**	vous off**rez**
ils/elles ouv**rent**	ils/elles off**rent**

- ouvrir와 같이 변화는 동사들 : accueillir, couvrir, découvrir, offrir, souffrir

J'ouvre la porte.
Elle offre toujours des livres aux enfants.
Il accueille des invités chaleureusement.

8

■ 직설법 현재의 용법

- 현재의 사실이나 현재 계속되고 있는 동작이나 상태를 나타낸다.
  Elle dort maintenant.
  Nous habitons ici depuis deux ans.
  Ça fait une semaine que je suis en vacances.

- 습관이나 반복된 행위를 나타낸다.
  Tous les matins, ils vont à l'école.
  Tous les ans, je prends mes vacances en juillet.

- 불변의 진리나 격언 등을 나타낸다.
  La Terre tourne autour du Soleil.
  L'argent ne fait pas le bonheur.

- 가까운 미래를 표현할 수 있다.
  Je pars demain.
  Elle passe son examen la semaine prochaine.
  Nous arrivons bientôt à la gare.

- 2인칭 표현은 명령의 뜻을 나타낼 수 있다.
  Tu viens chez moi ce soir.
  Vous attendez ici.

- 조건을 나타내는 si절에서 실현 가능한 가정의 뜻으로 사용될 수 있다.
  S'il fait beau demain, j'irai à la mer.
  Si vous venez à Séoul en mai, nous nous verrons sûrement.

* 프랑스어에는 현재진행형이 없으므로 현재 진행중임을 강조할 때는 **<être en train de + 동사 원형>**을 써서 <~하는 중이다>라는 의미를 나타낸다.
Je suis en train de travailler.
On est en train de sortir de la crise.
Le monde est en train de changer.

Exercices

1. ( ) 안의 동사를 현재형으로 변화시켜 문장을 완성하시오.

(1) Elle ______________ en France cet été. (aller)

(2) Vous ______________ le déjeuner au restaurant ? (prendre)

(3) Elle ________________ M. Kim ? (connaître)

(4) Nous _________________ le train. (prendre)

(5) Elle ______________ m'accompagner. (vouloir)

(6) Vous ________________ avec moi. (venir)

(7) Nous _________________ du sport. (faire)

(8) Elle _____________ faire du ski. (savoir)

(9) Tu ______________ partir. (pouvoir)

(10) Vous _____________ la vérité. (dire)

(11) Nous ______________ nos amis. (attendre)

(12) Elle _____________ souvent à ses parents. (écrire)

(13) Cette nouvelle nous _____________________. (surprendre)

2. 동사 aller, savoir, faire 중에서 가장 알맞은 것을 선택하여 문장을 완성하시오.

(1) Je _____________ à Paris.

(2) Ce train _______________ de Paris à Venise.

(3) Elle _______________ conduire.

(4) Elle _________________ la cuisine.

(5) Mon fils _______________ son devoir.

3. 다음 문장을 보기와 같이 être en train de를 이용하여 다시 쓰시오.

보기 : Elle s'habille. → Elle est en train de s'habiller.

(1) Ils regardent la télé.

→ ____

(2) Je lis le journal.

→ ____

(3) Elle s'éloigne de moi.

→ ____

제9강 대명동사/준조동사/비인칭 동사

1. 대명동사

주어와 동일한 인칭의 대명사를 수반하는 동사를 대명동사라 한다. 보어인칭대명사 se의 형태는 주어의 인칭과 수에 따라 변화한다.

■ 형태

se laver	se promener
je **me** lave tu **te** laves il/elle **se** lave nous **nous** lavons vous **vous** lavez ils/elles **se** lavent	je **me** promène tu **te** promènes il/elle **se** promène nous **nous** promenons vous **vous** promenez ils/elles **se** promènent

■ 대명동사의 유형

- 재귀적 대명동사 : 주어의 행위가 주어 자신에게 미친다. 보어대명사는 직접 또는 간접목적보어가 된다.
  Je me lève à 7 heures du matin. <se : 직접목적보어>
  Nous nous promenons après le déjeuner. <se : 직접목적보어>
  Elle se demande si elle sortira ou pas. <se : 간접목적보어>

- 상호적 대명동사 : 주어의 행위가 서로 영향을 미친다. 주어는 복수이며 보어대명사는 직접 또는 간접목적보어가 된다.
  Ils s'aiment l'un l'autre. <se : 직접목적보어>
  Ils s'écrivent des lettres l'un à l'autre. <se : 간접목적보어>

- 수동적 대명동사 : 행위의 주체를 밝히지 않으면서 수동적 의미를 나타낸다. 보어대명사는 직접목적보어로 취급된다.
  Le rideau se lève.
  La porte se ferme.
  Ce livre se vend bien au Japon.

- 본질적 대명동사 : 보어대명사가 동사와 고정되어 항상 함께 쓰이는 동사이다. 본질적 대명동사에는 s'en aller, s'enfuir, s'évanouir, se méfier, se souvenir 등이 있다.
  C'est l'heure, je m'en vais. (s'en aller : 가다)
  Je me souviens de mon enfance. (se souvenir de : 기억하다)

2. 준조동사

준동사란 avoir, être 외에 조동사처럼 사용되는 동사를 말한다.

- 근접미래 : aller + inf. (곧 ~할 것이다)
  Nous allons sortir tout de suite.

- 근접과거 : venir de + inf. (막 ~하였다)
  Je viens de me promener.

- 현재진행 : être en train de + inf. (~하는 중이다)
  On est en train de regarder la télévision.

- 가능, 허락 : pouvoir + inf. (~할 수 있다, ~해도 좋다)
  Nous pouvons vous emmener à l'aéroport.
  Est-ce que je peux sortir ?

- 의무, 추측 : devoir + inf. (~해야만 한다, ~임에 틀림없다)
  Nous devons travailler tout l'été pour partir en vacances à l'automne.
  Vous devez vous tromper.

- 희망 : vouloir + inf. (~ 하기를 원하다)
  Voulez-vous prendre du café ?
  Elle veut venir demain.

- 사역 : faire + inf. (~하게 시키다)
  Il fait venir son frère.

- 방임 : laisser + inf. (~ 하도록 내버려 두다)
  Je vous laisse terminer votre travail.

3. 비인칭 동사

비인칭 동사는 3인칭 단수로만 사용된다. 비인칭 동사의 주어 il은 중성으로 형식상의 주어일 뿐 아무 뜻이 없다. 비인칭 동사에는 본래부터 비인칭 동사로만 쓰이는 것과 인칭동사에서 전환된 것이 있다.

• 본래의 비인칭 동사 : 기후, 기상을 나타내는 동사들과 falloir, s'agir 등이 있다.

Il pleut. Il neige.
Il vente. Il tonne
Il grêle. Il gèle.
Il faut de l'argent.
Il faut partir tout de suite.
De quoi s'agit-il ?

• 전환된 비인칭 동사 : faire, être, avoir 동사가 대표적이다.

– faire : 기후, 기상을 나타낸다.
Il fait beau[chaud / froid / mauvais / gris].
Il fait frais[doux / sec / humide].
Il fait du soleil[du vent / de la pluie / du brouillard / de l'orage].
Il fait jour[nuit].
Il fait 33°.

– être : 시간을 나타내거나 비인칭 구문을 만든다.
Il est midi[minuit].
Il est trois heures du matin.
Il est nécessaire de faire du sport.
Il est facile[difficile] d'apprendre le chinois.

– avoir : 관용표현 **il y a**를 만든다.
Il y a beaucoup de monde dans la salle.

Exercices

1. 밑줄 친 부분에 적당한 재귀대명사를 쓰시오.

(1) je ________ lave
(2) elle ________ couche
(3) tu ________ lèves
(4) nous ________ promenons
(5) vous ________ appelez
(6) ils ________ réveillent
(7) nous ________ levons
(8) elles ________ habillent

2. ( ) 안에 제시된 동사를 인칭에 맞게 현재형으로 변화시키시오.

(1) Je ________________________ tard. (se coucher)
(2) Elle ________________________ demain. (s'en aller)
(3) Nous ________________________ à sept heures du matin. (se réveiller)
(4) Le français ________________________ dans beaucoup de pays. (se parler)
(5) Elles ________________________ après le déjeuner. (se promener)
(6) Ils ________________________ l'un l'autre. (se regarder)
(7) Elle ________________________ les mains. (se laver)
(8) Vous ________________________ comment ? (s'appeler)

3. ( ) 안의 준조동사를 인칭에 맞게 현재형으로 변화시키시오.

(1) L'avion ____________ décoller dans dix minutes. (aller)
(2) Elle __________________ arriver à la gare. (venir de)
(3) Vous __________________ vous tromper. (devoir)
(4) Nous __________________ prendre le train. (vouloir)
(5) Elle ________________ venir sa sœur. (faire)
(6) Tu ________________ sortir. (pouvoir)

4. ( ) 안의 비인칭 동사를 현재시제로 알맞게 변화시키시오.

(1) Il __________________ beaucoup depuis hier. (pleuvoir)
(2) Aujourd'hui, il _________________ du vent. (faire)
(3) Il _________________ trois heures et demie. (être)
(4) Il ________________ de la patience pour apprendre le français. (falloir)
(5) Il ____________________de ton avenir. (s'agir)
(6) Il ___________________ beaucoup en hiver. (neiger)

제10강 지시/의문/소유형용사

1. 지시형용사

■ 형태

	남성	여성
단수	**ce[cet]**	**cette**
복수	**ces**	

• 남성 단수명사가 모음이나 무성 h로 시작하는 것일 경우, ce 대신 cet를 쓴다.

cet arbre　　cet étudiant

cet homme　　cet hôtel

☞ ce garçon / cet aimable garçon

cet homme / ce vieil homme

■ 용법

• 지시형용사는 화제에 오른 사람이나 사물을 지시하며 <이, 그, 저>의 뜻으로 쓰인다.

ce livre　　cette valise

ces livres　　ces valises

• 가까운 것과 먼 것을 대립시킬 필요가 있을 때에는 지시형용사와 함께 명사 뒤에 ci나 là를 -(trait d'union)으로 연결한 복합형이 사용된다.

ce tableau-ci　　ce tableau-là

cette maison-ci　　cette maison-là

ces tableaux-ci　　ces tableaux-là

ces maisons-ci　　ces maisons-là

• 지시형용사가 시간 명사와 함께 쓰이면 현재 또는 현재에 가까운 때를 가리킨다.

ce matin　　cet après-midi　　ce soir　　cette nuit

cette semaine　　cet été　　cette année

ce jour-là 그 날　　ce soir-là 그 날 저녁

ce mois-ci 이번 달　　ces jours-ci 요즈음

Tu es libre ce soir ? – Oui, je suis libre ce soir.
Je vais à Paris cette semaine.
Aujourd'hui, il fait plus beau que ce jour-là.

2. 의문형용사

■ 형태

	남성	여성
단수	**quel**	**quelle**
복수	**quels**	**quelles**

■ 용법

- <어떤, 무슨, 몇>의 뜻을 나타내는 형용사로 수식하는 명사의 성·수에 일치한다.

  Quel âge avez-vous ? – J'ai vingt ans.
  Quel temps fait-il ? – Il fait du soleil.
  Quelle heure est-il ? – Il est neuf heures dix.

- 의문형용사는 전치사와 함께 사용될 수 있다.

  À quelle heure est-ce qu'elle arrive ?
  Dans quel pays allez-vous ?
  Pour quelle société travaillez-vous ?

- 속사로 사용된다.

  Quel est votre nom ?
  Quel est votre numéro de téléphone ?
  Quelle est votre nationalité ?
  Quelle est sa profession ?
  Quels sont les pays du Moyen-Orient ?

- 감탄사로서 감탄문에 쓰일 수 있다.

  Quel mauvais temps ! Quel beau paysage !
  Quelle chaleur ! Quelle jolie maison !

3. 소유형용사

■ 형태

	남성단수	여성단수	복수
나의	**mon**	**ma**	**mes**
너의	**ton**	**ta**	**tes**
그(그녀)의	**son**	**sa**	**ses**
우리들의	**notre**	**notre**	**nos**
너희들의, 당신(들)의	**votre**	**votre**	**vos**
그(그녀)들의	**leur**	**leur**	**leurs**

■ 용법

• 소유형용사는 소유자의 인칭과 수, 피소유명사(소유형용사 다음에 오는 명사)의 성과 수에 일치시켜 사용한다. 소유자의 성과는 무관하다.

mon père　　ma mère　　mes parents
notre père　　notre mère　　nos parents
votre père　　votre mère　　vos parents

☞ 영어의 경우, 3인칭 단수에서 소유주의 성이 구별되어 '그의 차'는 his car, '그녀의 차'는 her car로 쓰이지만, 프랑스어에서는 피소유물 voiture의 성이 여성이기 때문에 소유주의 성과 무관하게 '그의 차'나 '그녀의 차' 모두 **sa voiture**이다.

• 모음이나 무성 h로 시작하는 여성 단수 명사 앞에서는 ma, ta, sa 대신 mon, ton, son을 쓴다.

mon amie　　**mon** habitude

• on, personne, tout le monde 등 부정대명사는 son, sa, ses로 받는다.

On doit tenir **sa** parole.
Tout le monde veut faire de **son** mieux.

• 2인칭 복수의 소유형용사 votre와 vos는 상대방 한사람에게 쓰면 <당신의>라는 뜻의 존댓말이 된다.

Bonjour monsieur, quel est l'objet de votre visite ?
Monsieur, pouvez-vous me donner vos coordonnées ?

Exercices

1. 밑줄 친 곳에 알맞은 지시형용사를 넣으시오.

(1) __________ livre (2) __________ semaine
(3) __________ piano (4) __________ horloge
(5) __________ hôtel (6) __________ appartement
(7) __________ enfants (8) __________ chaises

2. 밑줄 친 곳에 알맞은 지시형용사를 넣으시오.

(1) __________ étudiant est intelligent.
(2) Nous allons manger dans __________ restaurant.
(3) J'aime __________ tableaux.
(4) Je voudrais __________ pommes-ci, pas __________ pommes-là.

3. 밑줄 친 곳에 알맞은 의문형용사를 넣으시오.

(1) Dans ____________ pays allez-vous ?
(2) ______________ heure est-il ?
(3) ___________ jour est-ce aujourd'hui ?
(4) _____________ temps fait-il aujourd'hui ?
(5) _____________ est votre adresse ?
(6) _____________ robes préférez-vous ?
(7) _______________ livres lisez-vous ?
(8) À ___________ étage est le bureau ?

4. 밑줄 친 곳에 주어에 해당하는 알맞은 소유형용사를 넣으시오.

(1) Nous invitons __________ amis.
(2) Paul invite _________ amie Sophie.
(3) J'écris à __________ mère.
(4) Ils ont ____________ billets.
(5) On doit tenir _______________ parole.
(6) Nous sommes contents de _____________ voyage.
(7) Elle adore ______________ père.
(8) Madame, c'est votre valise ? – Oui, c'est _________ valise.

10

제11강 수형용사

1. 기수

■ 0-19

0	zéro	10	dix
1	un/une	11	onze
2	deux	12	douze
3	trois	13	treize
4	quatre	14	quatorze
5	cinq	15	quinze
6	six	16	seize
7	sept	17	dix-sept
8	huit	18	dix-huit
9	neuf	19	dix-neuf

• 5 cinq[sɛ̃k], 6 six[sis], 8 huit[ɥit], 10 dix[dis]는 뒤에 자음으로 시작하는 명사를 수식할 경우 끝 자음이 발음되지 않는다.

cinq femmes [sɛ̃ fam]　　six livres [si livʀ]

huit livres [ɥi livʀ]　　dix garçons [di gaʀsɔ̃]

■ 20-99

20	vingt	42	quarante-deux	70	soixante-dix
21	vingt et un	49	quarante-neuf	71	soixante et onze
22	vingt-deux	50	cinquante	72	soixante-douze
29	vingt-neuf	51	cinquante et un	80	quatre-vingts
30	trente	52	cinquante-deux	81	quatre-vingt-un
31	trente et un	59	cinquante-neuf	82	quatre-vingt-deux
32	trente-deux	60	soixante	90	quatre-vingt-dix
39	trente-neuf	61	soixante et un	91	quatre-vingt-onze
40	quarante	62	soixante-deux	92	quatre-vingt-douze
41	quarante et un	69	soixante-neuf	99	quatre-vingt-dix-neuf

■ 100 이상

100	cent
200	deux cents
300	trois cents
900	neuf cents
999	neuf cent quatre-vingt-dix-neuf

1,000	mille
2,000	deux mille
10,000	dix mille
100,000	cent mille
1,000,000	un million
10,000,000	dix millions
100,000,000	cent millions
1,000,000,000	un milliard

- vingt, cent의 배수는 s를 붙이나, 그 뒤에 다른 숫자가 따르면 s를 생략한다. mille은 불변이다.

  quatre-vingt**s** quatre-vingt-huit

  deux cent**s** deux cent trente

  quatre mille quatre mille cinquante

- million, milliard는 수 형용사가 아니라 남성 명사이다. 뒤에 명사를 동반할 때는 de를 붙인다.

  un million d'électeurs sept milliards d'habitants

- 개략적인 숫자는 ~aine로 표현한다.

  une dizaine de personnes une trentaine de voitures

- 배수의 의미를 갖는 표현

  le double le triple le quadruple

■ 용법

- 명사 앞에 놓여 수량을 표시한다.

  trois moutons vingt ans

- 속사로 쓰인다.

  Vous êtes combien ? – Nous sommes quatre.

- 연도, 날짜, 시간 등을 표시한다.

  Nous sommes le mardi sept avril.

☞ 날짜에서 1은 서수를 사용한다.
le premier avril

- 군주, 제왕 등의 칭호에서 2 이상은 기수로 표시한다.
Louis XIV (quatorze)　　Napoléon Ⅲ (trois)

2. 서수

- 서수의 형태는 premier(ère), second(e)를 제외하고는 기수형용사에 -ième를 붙이면 된다. -e로 끝난 수의 서수형용사는 e를 떼고 -ième를 붙인다.
trois → troisième　　sept → septième
quatre → quatrième　　onze → onzième
soixante-dix → soixante-dixième
☞ cinq → cinq**u**ième　　neuf → neu**v**ième

- quatre-vingts, deux cents 등은 복수를 표시하는 s를 빼고 서수를 만든다.
quatre-vingtième　　deux centième

■ 용법

- 명사 앞에 놓여 순서, 서열을 나타낸다.
la première classe　　la deuxième[seconde] guerre mondiale

- 속사로 쓰인다.
Elle est première, je suis deuxième.

- 분수의 분모를 나타낸다. 분자가 복수일 경우는 분모에 s를 붙인다. 1/2, 1/3, 1/4은 특별한 용어가 사용된다.
1/2 un demi, une moitié　　1/3 un tiers
1/4 un quart　　3/5 trois cinquièmes

- 왕의 칭호, 날짜 등에서 1은 서수를 사용하며 성 변화도 한다.
François Ⅰ^{er} (premier)　　Elizabeth Ⅰ^{ère} (première)
Nous sommes le premier mai.

Exercices

1. 다음 기수를 프랑스어로 쓰시오.

(1) 61 ______________________ (2) 79 ______________________

(3) 205 ______________________ (4) 300 ______________________

(5) 1999 ______________________

(6) 100,000 ______________________

(7) 2012 ______________________

(8) 1,000,000 ______________________

(9) 01 23 35 76 81 ______________________

(10) 06 46 98 32 75 ______________________

2. 다음 서수를 프랑스어로 쓰시오.

(1) 2^{e} ______________________

(2) 5^{e} ______________________

(3) 19^{e} ______________________

(4) 80^{e} ______________________

(5) 100^{e} ______________________

3. 다음 분수를 프랑스어로 쓰시오.

(1) 2/5 ______________________

(2) 1/4 ______________________

(3) 1/3 ______________________

(4) 5/9 ______________________

4. 다음을 프랑스어로 쓰시오.

(1) 나폴레옹 3세 ______________________

(2) 프랑수아 1세 ______________________

(3) 8월 1일 ______________________

(4) 12월 25일 ______________________

제12강 부정형용사

부정형용사는 명사가 나타내는 사물의 성질이나 수량 등을 막연히 한정한다.

■ 주요 부정형용사

남성단수	여성단수	남성복수	여성복수
aucun	**aucune**	**aucuns**	**aucunes**
autre	**autre**	**autres**	**autres**
certain	**certaine**	**certains**	**certaines**
chaque	**chaque**		
même	**même**	**mêmes**	**mêmes**
		plusieurs	**plusieurs**
quelque	**quelque**	**quelques**	**quelques**
tel	**telle**	**tels**	**telles**
tout	**toute**	**tous**	**toutes**

• aucun : 어떤 ~도 ~않다

– ne 하나만으로 부정형을 이루며 pas는 생략된다.

Aucun homme n'est parfait.

Je n'ai lu aucun livre de cet auteur.

Elle n'a aucune amie.

• autre : 다른

C'est une autre question.

Je n'ai pas d'autre idée.

J'ai une autre nouvelle à vous annoncer.

Tu as d'autres problèmes.

Demandez l'avis des autres personnes.

• certain : 명사 앞에서 <어떤, 몇몇의>

Certaines phrases de ce texte sont équivoques.

D'un certain point de vue, elle a raison.

☞ 명사 뒤에서는 <확실한>의 뜻으로 쓰인다.

C'est un fait certain.

J'ai des nouvelles certaines.

• chaque : 각각의

– 복수형은 없다.

Chaque homme a ses devoirs.

Elle se promène chaque matin.

• même : 명사 앞에서 <같은>

C'est la même chose.

Elle relit toujours le même livre.

☞ 명사 뒤에서는 <~자신, 그 자체>의 뜻으로 쓰인다.

Elle est la bonté même.

moi-même	toi-même	lui-même
elle-même	soi-même	nous-mêmes
vous-même(s)	eux-mêmes	elles-mêmes

• quelque : 어떤, 약간의, 몇 개의

Vous avez quelque chose à manger ?

J'ai besoin de quelque argent.

Il a dit quelques mots.

• plusieurs : 다수의, 여럿의

– 항상 복수이며 남성형과 여성형이 동일한 형태이다.

J'ai plusieurs amis étrangers.

Il y a plusieurs cafés dans ce quartier.

Il faut plusieurs semaines pour terminer ce travail.

• tel : 그런, 어느

Tel père, tel fils.

Il ne faut pas manquer une telle occasion.

Tel jour il est gai, tel autre, il est triste.

• tout : 모든, 내내, ~마다

tout le pays 나라 전체	toute la famille 가족 전체, 온 가족
tous les hommes 모든 남자들	toutes les femmes 모든 여자들
tout le jour 하루 종일	toute la nuit 밤새도록
toute la semaine 일주일 내내	toute l'année 일 년 내내
tous les jours 매일	tous les ans 해마다
toutes les semaines 매주	toutes les cinq minutes 5분마다

Tout le monde comprend.
Il y a des boulangeries dans toutes les villes de France.
Il y a un train **tous les combien** ? (얼마마다)
– Toutes les deux heures.

☞ tout(e)+무관사 명사 : 누구든지, 무엇이든지
Tout homme est mortel.
Toute règle a ses exceptions.

Je le ferai **à tout prix**. (어떤 값을 치르더라도)
Avant toute chose, le moment est mal choisi. (무엇보다도 먼저)

Exercices

1. 보기를 참조하여 밑줄 친 곳에 알맞은 부정 형용사를 쓰시오. (복수 정답 가능)

보기 : aucun, aucune, autre, autres, certain, chaque, même, mêmes, plusieurs, quelque, quelques, tel

(1) ___________ homme n'est content.

(2) Elle est la gentillesse ___________.

(3) Un ___________ Monsieur Corbin est venu vous chercher.

(4) Il n'a ___________ amie.

(5) Je lui téléphonerai un ___________ jour.

(6) Il y a ___________ restaurants chinois dans ce quartier.

(7) On a soif. On boit ___________ chose ?

(8) Nous nous promenons ___________ matin.

(9) Elle invite ___________ amis à dîner.

(10) ___________ père, ___________ fils.

(11) Elle relit toujours le ___________ livre.

(12) Il y a encore un ___________ nombre de places vides.

(13) Nous avons les ___________ chaussures, toutes les deux.

(14) Moi, je suis d'accord, demandez l'avis des ___________ personnes.

(15) ___________ homme a ses devoirs.

2. 밑줄 친 곳에 tout의 올바른 형태를 쓰시오.

(1) ___________ les gens parlent de ce film.

(2) Je vous remercie de ___________ mon cœur.

(3) Je me couche très tard ___________ les soirs.

(4) Elle fait du jogging ___________ les matins.

(5) Je l'achèterai à ___________ prix.

(6) Son assassinat a choqué ___________ le pays.

(7) Je veux danser ___________ la nuit avec toi.

(8) ___________ le monde est content.

(9)－(10) Il y a un bus ___________ les combien ? － ___________ les vingt minutes.

제13강 부사

■ 부사 만드는 법

• 원칙 : **형용사의 여성형+ment**

남성형용사	여성형용사	부사
actif	active	active**ment**
heureux	heureuse	heureuse**ment**
nouveau	nouvelle	nouvelle**ment**

• 모음으로 끝난 남성 형용사는 그대로 ment를 붙인다.

vrai → vraiment
absolu → absolument
libre → librement
poli → poliment
infini → infiniment
joli → joliment

• -ant, -ent로 끝난 단어는 어미가 **-amment**, **-emment**로 된다.

courant → couramment
prudent → prudemment
☞ présent → présentement
constant → constamment
violent → violemment
lent → lentement

• 예외적인 부사들

profond → profond**é**ment
aveugle → aveugl**é**ment
gentil → gen**ti**ment
précis → précis**é**ment
énorme → énorm**é**ment

■ 부사의 위치

• 형용사나 부사를 수식하는 경우, 그 앞에 위치한다.

Cette semaine, je suis **bien** occupé.
Elle est **vraiment** charmante.
Le TGV roule **très** vite.
Je suis **énormément** déçu.

13

- 동사를 수식하는 경우, 동사가 단순 시제일 때는 그 뒤에 위치하고 복합 시제일 때는 조동사와 과거분사 사이에 위치한다.
  Elle chante **bien**.
  Il parle **couramment** le français.

  Elle a **bien** chanté.
  Vous êtes **déjà** allé en France ?
  J'ai **mal** compris.
  Je me suis **énormément** trompé.

- ici, là, hier, tôt, tard 등은 복합시제에서 과거분사 뒤에 위치한다.
  Il est venu **ici** avec sa femme.
  Nous nous sommes promenés **hier**.
  Elle s'est levée **tard**.
  Nous sommes partis **tôt**.

■ 의문 부사

quand	**pourquoi**
où	**combien**

- **quand** : 언제, 어느 때
  Quand arrivez-vous ?
  Quand partez-vous ? / Quand est-ce que vous partez ?
  Jusqu'à quand est-elle là ?

- **pourquoi** : 왜, 무엇 때문에
  Pourquoi voulez-vous partir ?
  Pourquoi es-tu triste ?
  Pourquoi faites-vous cela ?
  Pourquoi est-ce qu'elle ne vient pas avec nous ?

- **où** : 어디에, 어디로
  Où vas-tu ? / Où est-ce que tu vas ?
  Où sont mes clés ?
  Où est le château de Versailles ?
  Où est situé le parc Astérix ?

- **combien** : 얼마나, 얼마만큼
  Combien ça coûte ?
  Je vous dois combien ?
  Combien d'enfants avez-vous ?
  Combien de volcans y a-t-il dans le monde ?

■ 부사 **tout** : 매우, 아주 (= très)

- 일반적으로 부사는 변화하지 않지만, tout는 자음과 유성 h로 시작하는 여성 형용사 앞에서는 **toute**, **toutes**로 변한다.

Il est **tout** seul.
Ils sont **tout** seuls.

Elle est **tout** élégante.
Elles sont **tout** élégantes.

Elle est **tout** heureuse.
Elles sont **tout** heureuses.

Elle est **toute** gentille.
Elles sont **toutes** gentilles.

Elle est **toute** honteuse.
Elles sont **toutes** honteuses.

Exercices

13

1. 다음 형용사를 부사형으로 고치시오.

(1) heureux ______________________

(2) vrai ______________________

(3) énorme ______________________

(4) gentil ______________________

(5) prudent ______________________

2. 밑줄 친 곳에 가장 알맞은 의문 부사를 넣으시오.

(1) ____________ n'est-elle pas venue ?

(2) ____________ partirez-vous pour Londres ?

(3) ____________ demeurez-vous, Monsieur ?

(4) ____________ de livres avez-vous ?

(5) ____________ sont les chutes du Niagara ?

(6) ____________ coûte un ticket de métro ?

(7) Jusqu'à ____________ va-t-on commémorer le 11 novembre ?

3. 밑줄 친 곳에 부사 tout의 알맞은 형태를 쓰시오.

(1) Elle est ____________ intelligente.

(2) Elle est ____________ charmante.

(3) Elle est ____________ honteuse de son ignorance.

(4) Elles sont ____________ heureuses.

(5) Nous sommes ____________ étonnés.

4. 밑줄 친 형용사를 부사로 바꾸어 문장을 완성하시오.

(1) La voiture est <u>rapide</u>. Elle roule ____________.

(2) Sylvie parle d'une voix <u>douce</u>. Elle parle ____________.

(3) Paul est <u>sérieux</u>. Il travaille ____________.

(4) Pierre est <u>violent</u>. Il crie ____________.

(5) Le jeune homme est <u>poli</u>. Il écoute ____________ le vieil homme.

(6) Ses voyages sont <u>fréquents</u>. Il voyage ____________.

(7) Elle est <u>patiente</u>. Elle attend ____________.

제14강 전치사

■ 시간을 나타내는 전치사

- 연도 앞에 : en

en 1789

Nous sommes en 2022.

- 월 앞에 : en

en janvier

Nous sommes en mars. = Nous sommes au mois de mars.

janvier	février	mars	avril
mai	juin	juillet	août
septembre	octobre	novembre	décembre

- 계절 앞에 : au (←à le), en

au printemps

en été[automne / hiver]

Nous sommes au printemps.

Vous partez en voyage en plein hiver ?

- 시각, 시기

– à : ~(때)에

La classe commence à 8 heures.

Il est arrivé à 5 heures.

À lundi[mardi / mercredi / jeudi / vendredi / samedi / dimanche] !

À la semaine prochaine !

– dans : ~이내에, ~후에

dans l'année 연내로

dans la semaine 주내로

dans la matinée 오전 중으로

dans une semaine 일주일 후에

Elle part dans 10 minutes.
Tu reviendras dans combien de temps ?

- en : ~걸려서
  Je déjeune en 10 minutes.
  On ne peut pas visiter Paris en un jour.

- pour : ~예정으로
  Je suis en vacances pour 3 jours.
  Il apprendra le français pour 2 ans.

- pendant : ~동안에
  Qu'est-ce qu'on fait pendant les vacances d'été ?
  Pendant les jours fériés, quelques musées seront fermés.

- depuis : ~이래로, ~로부터, ~전부터
  Il conduit depuis trois heures.
  J'étudie le français depuis deux mois.
  Elle est malade depuis trois jours.

- avant : ~전에, ~보다 먼저
  Elle est arrivée avant moi.
  On se lave les mains avant le repas.

- après : ~후에
  Après le déjeuner, je me promène.
  Ne pas boire de thé juste après un repas.

- jusqu'à : ~까지
  Je suis libre jusqu'à 7 heures.
  Jusqu'à quel âge peut-on conduire ?

■ 공간을 나타내는 전치사

• à+도시명/특정 장소

Je suis à Paris.
Elle habite à Séoul.
Je vais à la banque.
Nous allons au cinéma.

• en, au, aux+국가명

– en+여성 국가명 / 대륙명

Elle habite en France[Chine / Corée].
Je vais en Afrique[Asie].

– au (← à le)+남성 국가명 / 대륙명

Il habite au Japon[Canada / Mexique].

☞ 모음으로 시작하는 남성 국가명 앞에는 au 대신에 en을 쓴다.
au Iran (×) → **en** Iran

– aux (← à les)+복수형 국가명

Elles habitent aux États-Unis[Pays-Bas].

• de[d']+도시명 : ~로부터 ((출발 지점))

Il vient de Londres.
Tu es d'Amsterdam ?

☞ Elle est partie **pour** Tokyo. ((목표 지점))

• du+남성 국가명 / de+여성 국가명

Je viens du Maroc[Japon].
Elle vient de France[Chine].

☞ 모음이나 무성 h로 시작하는 국가명 앞에서는 d'가 쓰인다.
Elle vient d'Iran[d'Italie].

- chez : ~의 집에, ~의 상점[사무실]에
  Je vais chez mes parents.
  Elle est chez elle.
  Ma fille va chez le dentiste.

- dans : ~안에
  Il est dans le salon.
  Elle lit dans le métro.
  Montez dans le train et détendez-vous.

- sur : ~ 위에
  Vous mettez le livre sur la table.
  Qui est sur la photo ?

- sous : ~ 아래에
  La Seine coule sous le pont Mirabeau.
  Sous le ciel de Paris marchent des amoureux.

- devant : ~ 앞에
  Elle est devant un miroir.
  Il y a une voiture devant le portail.

- derrière : ~ 뒤에
  Il se cache derrière la haie.
  Regardez derrière vous !

- entre : ~ 사이에
  Elles sont entre les arbres.
  Les Pyrénées se trouvent entre la France et l'Espagne.

- près de : ~ 가까이에
  Ils habitent près de Paris.
  Assieds-toi près de moi !

- loin de : ~ 에서 멀리 (떨어져)
  Il travaille loin de chez lui.
  Berlin est loin de Paris.
  Loin des yeux, loin du cœur.

■ 교통 수단

en avion[train / métro / voiture / bus / car / bateau]
à pied[bicyclette / moto / cheval]

un tour du monde à pied
J'aime voyager en train.
Nous allons au travail en métro le matin.
Découvrez la Corse à moto.

Exercices

1\. 밑줄 친 곳에 알맞은 전치사를 넣으시오.

(1) Nous sommes __________ 2022.

(2) On est __________ mai.

(3) _________ l'année prochaine !

(4) Elle habite _____________ Japon.

(5) Il y a beaucoup de monde ____________ la rue.

(6) La tour Eiffel existe ____________ 1889.

(7) ___________ quand habitez-vous à Paris ?

(8)–(9) ___________ printemps, il fait beau, _____________ hiver, il fait froid.

(10) On se lave les mains ________________ le repas.

(11) Nous allons __________ États-Unis cet été.

(12) Le canal de Suez est ____________ Égypte.

(13) Ils habitent ____________ Montréal au Canada.

(14) Mon cousin habite à Pékin ______________ Chine.

(15) La Seine coule ________________ le pont Mirabeau.

2\. 밑줄 친 곳에 알맞은 전치사를 넣으시오.

(1) Je mets 20 minutes pour aller au travail ______________ bicyclette.

(2) Elle veut aller à Venise ______________________ voiture cet été.

3\. 그림을 보고 밑줄 친 곳에 위치를 나타내는 적당한 전치사를 쓰시오.

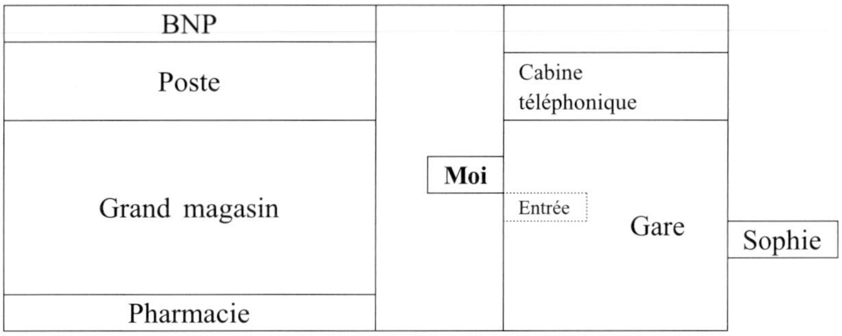

BNP
Poste
Grand magasin
Pharmacie
Moi
Cabine téléphonique
Entrée
Gare
Sophie

(1) La Poste est __________________ la BNP et le Grand magasin.

(2) Sophie est ____________________ la gare.

(3) Je suis _______________ la gare.

제15강 부정문과 의문문

1. 부정문

■ 부정문의 기본 형태 : ne+동사+pas

Je **ne** suis **pas** Chinois.

Je **n**'aime **pas** le thé.

■ 복합시제(복합과거 등)의 경우 : ne+avoir/être **현재형**+pas+**과거분사**

Je **n**'ai **pas** compris.

Elle **n'est pas** allée au cinéma.

• 부정문에서 직접목적보어의 부정관사나 부분관사는 **de**로 바꿔 쓴다.

Il a une voiture. → Il n'a pas **de** voiture.

Elle a de l'argent. → Elle n'a pas **d**'argent.

☞ 직접목적보어가 아닌 경우 부정관사, 부분관사를 그대로 쓴다.

C'est un cahier. → Ce n'est pas un cahier.

■ ne ~ pas 대신 쓸 수 있는 부정 표현들

• ne ~ plus : 더 이상 ~않다[~이 아니다]

Il ne fume plus. Je ne suis plus fatigué(e).

• ne ~ jamais : 결코 ~않다[~이 아니다]

Elle ne ment jamais. On ne sait jamais.

• ne ~ personne : 아무도 ~않다[없다]

Le temps n'attend personne. Il n'y a personne de blessé.

• ne ~ rien : 아무 것도 ~않다[없다]

Je ne sais rien. Je n'ai rien mangé depuis ce matin.

☞ rien, personne는 동사 앞에 올 수 있다.

Rien ne bouge. **Personne** ne parle.

- ne ~ ni ~ ni ~ : ~도 ~도 ~아니다 (부정이 연속될 때)

  Elle n'est ni jeune ni vieille. Elle n'a ni fils ni fille.

* **ne** ~ **que**는 부정이 아닌 seulement <~만, 단지>의 의미이다.

  Il n'a qu'une fille. Je ne bois que du lait.

2. 의문문

■ 의문사가 없는 의문문

- 평서문의 억양을 올려서 만드는 경우

  Elle est Française ? Tu es content ?

- **Est-ce que + 주어 + 동사** ?

  Est-ce que vous êtes étudiant ? Est-ce qu'ils sont gentils ?

- 도치형

– 단순 도치형 : 주어가 대명사일 경우 주어와 동사의 위치를 바꾼다.

  Est-elle grande ?

  – Oui, elle est grande. / Non, elle n'est pas grande.

  N'aimez-vous pas le thé ?

  – **Si**, j'aime le thé. / Non, je n'aime pas le thé.

☞ 긍정 의문문에 대한 긍정적인 대답에는 oui, 부정적 대답에는 non을 쓰고, 부정 의문문에 대한 긍정적 대답에는 si, 부정적 대답에는 non을 쓴다.

– 복합 도치형 : 복합 도치란 주어인 명사를 앞에 쓰고 동사 뒤에서 그 명사주어를 다시 인칭대명사로 받아 도치시키는 것을 말한다.

  Les étudiants sont-**ils** Français ?

  La France est-**elle** compétitive ?

■ 의문사가 있는 의문문

• **의문사+est-ce que+주어+동사**

Où est-ce qu'elle habite ?

Quand est-ce que vous partez ?

Pourquoi est-ce qu'elle m'a donné ce cadeau ?

• 단순 도치형 의문문 : **의문사+동사+주어**

Où habite-**t**-elle ? (두 모음 사이에는 t를 추가한다.)

Quand partez-vous ?

Combien payez-vous ?

Comment vous appelez-vous ?

Pourquoi apprends-tu le français ?

☞ 구어에서는 보통 의문사가 동사 뒤에 위치한다.

Elle habite **où** ?

Vous vous appelez **comment** ?

• 복합 도치형 의문문

– 명사가 주어일 때

Où tes amies vont-elles ?

Où Thomas va-t-il ?

– 동사가 직접목적보어나 속사를 가질 경우

Quand Agnès finira-t-elle ses devoirs ?

Quand son ami est-il libre ?

• 의문사 pourquoi로 시작되는 의문문

Pourquoi ton frère part-il ?

Pourquoi Agnès pleure-t-elle ?

☞ pourquoi 이외의 의문사로 시작되는 의문문에서는 주어가 명사라도 단순 도치시킬 수 있다.

Comment va votre mère ?

Quand arrivera ta sœur ?

Pardon, madame, où est la poste ?

Exercices

1. 다음 문장을 부정문으로 바꾸시오.

(1) Je fume. → ____________________

(2) Elle est triste. → ____________________

(3) Il pleut. → ____________________

(4) Elle aime le sport. → ____________________

(5) Il a des amis. → ____________________

(6) Nous sommes Japonais. → ____________________

(7) C'est un cahier. → ____________________

(8) Elle a un fils et une fille. → ____________________

2. 다음 문장을 단순 도치나 복합 도치시켜 의문문으로 만드시오.

(1) Vous êtes en forme. → ____________________

(2) La fenêtre est fermée. → ____________________

(3) Votre sœur habite à la campagne. → ____________________

(4) Vous aimez la chanson. → ____________________

(5) Tu n'aimes pas le cinéma. → ____________________

(6) Paul a une voiture. → ____________________

(7) Il parle français. → ____________________

(8) Il y a du monde dans la salle. → ____________________

3. 주어진 단어들을 이용하여 의문문으로 만드시오.

(1) Paris, partir, pour, quand, vous

→ ____________________

(2) boulangerie, être, la, où

→ ____________________

(3) ce, chapeau, comment, trouver, vous

→ ____________________

4. 다음 질문에 대답하시오.

(1) Est-ce que tu prends de l'eau ? – Non, ____________________

(2) N'aimez-vous pas la musique ? – Si, ____________________

제16강 직설법 과거 (1) : 복합과거와 근접과거

1. 복합 과거

■ 형태 : 조동사 avoir/être의 현재형+과거분사

parler	aller	se lever
j'ai parlé	je suis allé(e)	je me suis levé(e)
tu as parlé	tu es allé(e)	tu t'es levé(e)
il/elle a parlé	il/elle est allé(e)	il/elle s'est levé(e)
nous avons parlé	nous sommes allé(e)s	nous nous sommes levé(e)s
vous avez parlé	vous êtes allé(e)(s)	vous vous êtes levé(e)(s)
ils/elles ont parlé	ils/elles sont allé(e)s	ils/elles se sont levé(e)s

- avoir를 취하는 동사 : 모든 타동사와 대부분의 자동사
- être를 취하는 동사 : 일부 자동사, 모든 대명동사

  aller/venir, entrer/sortir, arriver/partir, monter/descendre, naître/mourir,
  rester, tomber, devenir, revenir, passer, rentrer
  se coucher, se dépêcher, s'habiller, se laver, se lever, se réveiller

□ 과거분사의 형태

- 제1군 규칙 동사 : 어미 -er → é

  aimer → aimé　　regarder → regardé
  manger → mangé　　acheter → acheté
  J'ai regardé la télévision hier soir.
  Mon père a acheté une nouvelle voiture.

- 제2군 규칙 동사 : 어미 -ir → i

  finir → fini　　choisir → choisi
  Tu as déjà fini ton travail ?
  Elle a choisi une robe bleue.

- 불규칙 동사 : é, i, s, t, u 중 어느 하나로 끝난다.

[주요 불규칙 동사의 과거분사 형태]

동사원형	과거분사형	동사원형	과거분사형
être	été	faire	fait
dormir	dormi	attendre	attendu
apprendre	appris	avoir	eu
comprendre	compris	devoir	dû
entreprendre	entrepris	pouvoir	pu
mettre	mis	voir	vu
prendre	pris	vouloir	voulu
dire	dit	répondre	répondu
écrire	écrit	recevoir	reçu

16

- être를 조동사로 취하는 경우 과거분사는 주어의 성·수에 일치한다.
  Elle est arrivé**e** à Paris.
  Elles sont parti**es**.
  Elle s'est lavé**e**.
  Nous nous sommes promené**s** après le dîner.

☞ 대명동사가 직접목적보어를 따로 취하거나 se가 간접목적보어로 쓰이는 경우 과거분사는 주어의 성과 수에 일치하지 않는다.
Elle **s'est lavé** <u>les mains</u>.
Elle **se** sont **téléphoné**.

- 한 동사가 자동사로도 타동사로도 쓰이는 경우, 자동사로 사용될 경우에는 être를, 타동사로 사용될 경우에는 avoir를 조동사로 취한다.
  Elle **est sortie** de la maison.
  Elle **a sorti** son billet de la poche.

  Elle **est passée** chez moi hier soir.
  Elle **a passé** de bonnes vacances.

  Les enfants **sont montés** au grenier.
  Mon fils **a monté** la côte à vélo.

■ 복합과거의 용법

• 과거에 일어난 사건이나 행위를 나타낸다.
Elle m'a téléphoné.
J'ai perdu mon portefeuille.
Tu as mangé ?

• 한정된 기간이나 시간의 과거를 나타낸다.
Je suis arrivé en France au mois de septembre 1986.
En 2002, nous avons visité le Canada.
J'ai acheté une voiture il y a deux mois.

• 과거의 연속된 행위를 나타낸다.
Hier, j'ai travaillé, j'ai déjeuné avec des collègues au restaurant, et le soir, j'ai regardé la télévision avec mes enfants.

• 과거의 경험을 나타낸다.
Il a été à Londres.

2. 근접 과거

■ 형태 : venir de+동사원형

■ 용법

• 방금 막 일어난 사건을 표현할 때
Je viens de manger.
Il vient de terminer son travail.
Elle vient de sortir.
Nous venons d'arriver.
Ils viennent de fêter leurs 21 ans.

☞ 시점이 명시되면 복합과거를 사용해야 한다.
Elle **est arrivée** il y a 10 minutes. (○)
Il vient de partir il y a 10 minutes. (×)

Exercices

1. 다음 문장을 복합과거로 바꾸시오.

(1) Elle prépare un bon repas. → ______

(2) Je paie l'addition. → ______

(3) Nous dînons au restaurant. → ______

(4) Elle monte en haut de la tour. → ______

(5) Vous dormez bien. → ______

(6) Ils finissent leurs devoirs. → ______

(7) Elle arrive à l'heure. → ______

(8) Nous allons au cinéma. → ______

(9) Tu rentres comment ? → ______

(10) Nous voyons un bon film. → ______

2. 다음 문장을 복합과거로 바꾸시오.

(1) Nous nous reposons. → ______

(2) Elle se dépêche. → ______

(3) Elle se lave les mains. → ______

(4) Elle passe à la poste. → ______

(5) Elle passe une bonne journée. → ______

3. 다음 문장을 근접과거로 만드시오.

(1) Il sort. → ______

(2) J'arrive à Paris. → ______

(3) Elle termine son travail. → ______

(4) Nous prenons le petit déjeuner. → ______

(5) Ils fêtent leurs 5 ans de mariage. → ______

4. 다음 질문에 대답하시오.

(1) Est-ce qu'il a dîné au restaurant, hier soir ?

→ Oui, ______

(2) Est-ce que tu es parti en vacances, l'année dernière ?

→ Oui, ______

제17강 직설법 미래 : 근접미래/단순미래/전미래

1. 근접미래

■ 형태 : aller의 현재형+동사원형

Je vais partir. Je ne vais pas partir.

Je vais me laver. Je ne vais pas me laver.

■ 용법

• 근접미래는 비교적 확실한 의도나 결심, 실현 가능성이 높은 행위를 나타낸다. 시간이 명시되지 않은 경우 임박한 사건을 나타낸다.

Dépêche-toi, le train va partir !

Qu'est-ce que tu vas faire ?

Il va quitter le poste de Premier ministre.

• 시간이 명시된 경우 다소 먼 미래를 나타낼 수도 있다.

L'année prochaine, il va prendre sa retraite.

☞ <aller+동사원형>이 문자 그대로 <~하러 가다>라는 뜻으로 쓰일 수도 있다.

Il va rencontrer Sophie. Il va acheter une baguette.

2. 단순미래

■ 형태 : 미래 어간+미래 어미

• 미래 어미

je	**-ai**	nous	**-ons**
tu	**-as**	vous	**-ez**
il/elle	**-a**	ils/elles	**-ont**

• 미래 어간 :
- 제1, 2군 동사와 대부분의 불규칙 동사는 동사 원형이 미래 시제의 어간이 된다.
- 동사 원형이 -re로 끝나는 불규칙 동사는 e를 떼고 -r까지만 어간으로 삼는다.
- avoir, être 등 특수한 어간을 갖는 것들도 있다.

	aimer	finir	prendre	avoir	être
je[j']	aimerai	finirai	prendrai	aurai	serai
tu	aimeras	finiras	prendras	auras	seras
il/elle	aimera	finira	prendra	aura	sera
nous	aimerons	finirons	prendrons	aurons	serons
vous	aimerez	finirez	prendrez	aurez	serez
ils/elles	aimeront	finiront	prendront	auront	seront

☞ 제1군 동사 가운데 변칙적인 미래 어간을 갖는 동사가 있다.

acheter : j'ach**è**terai　　jeter : je je**tt**erai

17

• 특수한 미래 어간을 갖는 동사들

동사원형	미래어간	동사원형	미래어간
aller	ir-	recevoir	recevr-
devoir	devr-	savoir	saur-
envoyer	enverr-	venir	viendr-
faire	fer-	voir	verr-
pouvoir	pourr-	vouloir	voudr-

j'irai　　je devrai　　j'enverrai
je ferai　　je pourrai　　je recevrai
je saurai　　je verrai　　je viendrai
je voudrai

■ 용법

• 장래에 대한 계획이나 예측을 표현한다. (가능성이 있지만 확실하지는 않다)

Il fera beau demain.

La semaine prochaine, je t'emmènerai au cinéma.

Elle ira aux États-Unis l'année prochaine.

Quand nous serons en vacances, nous irons en France.

• 명령이나 충고 따위를 완곡하게 표현하는 데 쓰인다.

Vous m'apporterez une tasse de café.

Tu ne rentreras pas trop tard.

Tu n'oublieras pas d'acheter du pain.

• 현재에 대한 추측을 나타낸다.

On sonne. – Ce sera ma fille.

3. 전미래

■ 형태 : avoir/être의 단순미래+과거분사

j'aurai aimé	nous aurons aimé
tu seras arrivé(e)	vous serez arrivé(e)(s)
elle sera arrivée	elles seront arrivées

■ 용법

• 단순미래보다 앞서 완료되어 있을 미래의 사실을 나타낸다.

Je partirai quand vous aurez fini.

Elle sortira après qu'elle aura terminé son devoir.

• 미래의 어느 시점에 완료되어 있을 행위를 나타낸다.

J'aurai fini mon devoir dans une heure.

En 2030, tout aura changé.

• 미래의 어느 시점에 일이 완료되어 있도록 부드럽게 명령할 때 쓰인다.

Tu auras fini ton travail avant le départ.

• 과거에 대한 추측을 나타낼 때 쓰인다.

Agnès est en retard. Elle aura manqué son train.

Exercices

1. 근접미래 시제를 이용하여 문장을 완성하시오.

(1) Prends un parapluie, il __________ pleuvoir.

(2) Le film _____________ commencer.

(3) Nous ___________________ regarder la télévision.

(4) Chaque fois qu'elle ___________ prendre l'avion, elle a peur.

(5) Le train ____________ partir tout de suite.

(6) L'année prochaine, je _____________ étudier en France.

2. ( ) 안의 동사를 단순미래형으로 변화시켜 문장을 완성하시오.

(1) Elle _____________ du café. (prendre)

(2) Je _________________ dans un studio. (habiter)

(3) Vous ________________ beaucoup d'argent. (avoir)

(4) Il _________________ beaucoup cet hiver. (neiger)

(5) Il ________________ demain. (pleuvoir)

(6) Quand je _____________ grand, je __________ journaliste. (être)

(7) Demain, ils ________________ à Paris. (aller)

(8) Vous _________________ les vacances en France. (passer)

(9) Nous _________________ en avion. (voyager)

(10) Elle _______________ trois enfants de ce premier mariage. (avoir)

3. ( ) 안의 동사를 알맞게 변화시켜 문장을 완성하시오.

(1) Vous _________________________ le travail avant de sortir. (finir)

(2) Quand je serai vieux, je _________________ à la campagne. (vivre)

(3) Demain, il __________________ sur toute la France. (neiger)

(4) Dans 20 ans, je ________________ ma retraite. (prendre)

(5) Quand il ________________, il sortira. (dîner)

(6) Venez quand vous ______________ votre travail. (terminer)

(7) Quand on _____________ les frontières, on voyagera sans visa. (supprimer)

(8) Quand il __________ pleuvoir, je sens mon rhumatisme. (aller)

(9) Agnès _______________ poster sa lettre. (aller)

(10) Elle ______________ chercher du pain. (aller)

제18강 직설법 과거 (2) : 반과거와 대과거

1. 반과거

■ 형태 : 어간+반과거 어미

• 반과거 어미

je[j']	-ais	nous	-ions
tu	**-ais**	vous	**-iez**
il/elle	**-ait**	ils/elles	**-aient**

• 어간은 동사의 직설법 현재 1인칭 복수에서 -ons를 뺀 부분으로 한다. (단, être는 예외)

aimer : nous aimons → **aim-**
avoir : nous avons → **av-**
être : nous sommes → **ét-**
faire : nous faisons → **fais-**
finir : nous finissons → **finiss-**
vouloir : nous voulons → **voul-**

• 주요 동사의 반과거형

	aimer	finir	avoir	être	faire	vouloir
je[j']	aimais	finissais	avais	étais	faisais	voulais
tu	aimais	finissais	avais	étais	faisais	voulais
il/elle	aimait	finissait	avait	était	faisait	voulait
nous	aimions	finissions	avions	étions	faisions	voulions
vous	aimiez	finissiez	aviez	étiez	faisiez	vouliez
ils/elles	aimaient	finissaient	avaient	étaient	faisaient	voulaient

■ 용법

• 과거의 지속된 행위나 상태를 나타낸다.

Ce matin, je lisais le journal.
Hier, il faisait beau toute la journée.

• 과거의 반복된 동작이나 습관을 나타낸다.
Je me levais tous les jours à 7 heures.
Nous faisions souvent du tennis.
Chaque dimanche, je voyais mes parents.

☞ 반과거는 tous les ~, chaque ~, normalement, en général, d'habitude 등과 같은 표현들과 자주 쓰인다.

• 과거의 어느 시점에서 거의 동시에 일어나는 두 사실 가운데 일시적 행위는 복합과거로, 지속된 행위는 반과거로 나타낸다.
J'attendais l'autobus quand l'accident s'est produit.
Je dormais quand tout à coup le téléphone a sonné.

☞ 동시에 일어난 일이더라도 양쪽 모두 일시적인 행위나 동작인 경우는 복합과거를 쓴다.
Paul est venu et Sophie est partie.

18

• 간접 화법으로 바꾸는 경우, 주절의 동사가 과거이고 직접 화법의 인용된 문장의 동사가 현재일 때, 현재는 반과거가 된다.
Il a dit : "Je suis fatigué." → Il a dit qu'il était fatigué.

• 조건을 나타내는 si 절에서 현재의 비현실적 가정이나 미래의 실현성이 희박한 가정을 나타낸다.
Si vous **étiez** riche, qu'est-ce que vous feriez ?

☞ 단순가정일 때는 종속절과 주절에서 직설법을 쓴다.
Je ne sortirai pas s'il **pleut**.

2. 반과거와 복합과거의 구별

• 일반적으로 추억을 상기시킬 때는 반과거를, 사건이나 행위를 이야기할 때는 복합과거를 쓴다.
Quand j'étais jeune, je jouais au tennis.
Tout à coup, le temps a changé.

• 복합과거는 묘사된 사건이 완료되었음을, 반과거는 지속됨을 나타낸다.
Elle ouvrait la porte quand le téléphone a sonné.
Quand il est arrivé, elle prenait son dîner.

• 기간이 한정되어 있을 때는 복합과거를, 한정되어 있지 않을 때는 반과거를 사용한다.
Pendant 3 ans, j'ai étudié le français.
Avant, je jouais au golf.

3. 대과거

■ 형태 : avoir/être의 반과거+과거분사

J'avais aimé. Elle était venue.
Je m'étais couché(e).

■ 용법

• 복합과거나 반과거보다 한 시제 앞선 과거를 표현한다.
Hier, j'**ai rencontré** mon amie que j'**avais vue** il y a dix-neuf ans.
Le train **était parti** quand je **suis arrivé** à la gare.

• 간접 화법의 종속절에서 주절의 과거보다 앞서 있었던 동작이나 상태를 표시한다.
Elle **a dit** qu'elle **avait été** heureuse.
Elle **a dit** que son enfant **avait été** malade.

• 조건을 나타내는 si 절에 사용되어 과거의 비현실적 가정을 나타낸다.
Si j'**avais** bien **travaillé**, j'aurais réussi à l'examen.
S'il **avait fait** beau hier, je serais sorti me promener.

❑ 과거시제의 요약

Quand je me suis levé, ma femme avait préparé le café. (완료된 행위)
ma femme préparait le café. (동시성/지속)
ma femme a préparé le café. (연속적 행위)

Exercices

1. 다음 문장을 반과거로 바꾸시오.

(1) Je travaille beaucoup. → ______________________

(2) Il parle à haute voix. → ______________________

(3) Nous buvons du vin. → ______________________

(4) Ils sont tristes. → ______________________

(5) Je joue au tennis. → ______________________

(6) Il fait beau. → ______________________

(7) Elle a de la chance. → ______________________

(8) Tu as beaucoup de temps. → ______________________

(9) Nous étudions tous les jours. → ______________________

(10) Elles se lèvent de bonne heure. → ______________________

18

2. ( ) 안에 제시된 동사를 적절한 시제 형태로 변화시키시오.

(1) Elle m'a dit qu'elle ne ____________ aucun livre de Proust. (lire)

(2) Hier, je ____________ ce que tu m'avais demandé la semaine dernière. (achever)

(3) Hier, j'ai rencontré mon ami que je __________ à Paris il y a 10 ans. (connaître)

(4) Il ______________ la porte quand le téléphone a sonné. (ouvrir)

(5) Quand vous avez trouvé du travail, vous ______________ vos études ? (terminer déjà)

(6) Quand je suis arrivé, ma fille __________________ ses devoirs. (finir déjà)

(7) J'ai perdu mon sac que je ______________ en Italie l'été dernier. (acheter)

(8) Il a dit qu'il ______________ malade. (être)

(9) Autrefois, quand je ______________ mon travail, je faisais une promenade au bord de la mer. (finir)

(10) Quand je suis arrivé à l'arrêt de l'autobus, le bus ______________. (passer déjà)

(11) Si elle ________________ demain, je serais très heureuse. (revenir)

(12) Je ne sortirai pas s'il ______________. (pleuvoir)

(13) S'il ____________________ beau hier, je serais sorti me promener. (faire)

제19강 강세형 인칭대명사와 보어인칭대명사

1. 강세형 인칭대명사

■ 형태

	단수	복수
1인칭	**moi**	**nous**
2인칭	**toi**	**vous**
3인칭	**lui/elle/soi**	**eux/elles**

■ 용법

• 주어 또는 보어인칭대명사를 강조할 때

Moi, j'aime le café, mais **toi**, tu préfères le thé.

Lui, il travaille et **elle**, elle regarde la télévision.

• 전치사 다음에 쓰인다.

Venez avec **moi**.

Elle rentre chez **elle**.

Nous parlons de **lui**.

On travaille pour **soi**.

• C'est 뒤에서 속사로 쓰인다.

C'est **toi** ? – Oui, c'est **moi**.

C'est Sophie sur la photo ? – Oui, c'est **elle**.

• 비교급의 que 뒤에서 쓰인다.

Elle est plus belle que **toi**.

J'ai moins faim que **vous**.

• 긍정명령문에서 쓰인다.

Regardez-**moi**.

Donnez-**moi** un kilo d'oranges.

☞ Ne **me** regardez pas.

2. 직접목적보어인칭대명사

■ 형태

	단수	복수
1인칭	**me**	**nous**
2인칭	**te**	**vous**
3인칭	**le/la**	**les**

• me, te, le, la는 모음이나 무성 h로 시작되는 단어 앞에서는 m', t', l'로 축약된다.

Elle **m'**écoute. Ils **t'**invitent. Je **l'**adore.

■ 용법

• 명사 목적보어의 반복을 피하게 해준다.

Tu connais **cette fille** ?

– Non, je ne **la** connais pas.

Vous écoutez **la radio** le soir ?

– Oui, je **l'**écoute le soir.

Tu as vu **Pierre** ?

– Non, je ne **l'**ai pas vu.

• 3인칭 le, la, les는 사람이나 사물을 받는다.

Je regarde **la fille**. → Je **la** regarde.

Je regarde **la voiture**. → Je **la** regarde.

☞ aimer, adorer, connaître 등의 동사가 사물이나 국가, 도시를 직접목적보어로 취할 때 이 목적보어를 le, la, les로 받을 수 없다.

Vous aimez la France ?

– Oui, je l'aime. (×)

– Oui, j'aime **ce pays**. (○)

19

Vous aimez le fromage ?
– Oui, je l'aime. (×)
– Oui, j'aime **ça**. (○)

■ 직접목적보어인칭대명사의 위치

• 동사 앞에 위치한다.
Je **la** regarde. (la télévision)
Elle **l**'apprend. (le français)

• 부정문에서는 <ne+보어 대명사+동사+pas>의 순서로 놓인다.
Prenez-vous souvent le train ?
– Non, je **ne le** prends **pas** souvent.

Regardez-vous la télévision le matin ?
– Non, je **ne la** regarde **pas** le matin.

• 복합시제일 때는 조동사 앞에 위치하며, 이때 과거분사는 직접목적보어의 성·수에 일치한다.
Les clés, il **les** a **perdues** ? (les = les clés)

As-tu vu ce film ?
– Non, je **ne l'ai pas** vu. (le = ce film)

• 근접과거에서는 부정법 앞에 위치한다.
Cette bicyclette, je viens de **l**'acheter.

• 부정법의 목적보어는 부정법 앞에 위치한다.
Elle préfère regarder **la télévision**.
→ Elle préfère **la** regarder.

3. 간접목적보어인칭대명사

■ 형태

	단수	복수
1인칭	**me**	**nous**
2인칭	**te**	**vous**
3인칭	**lui**	**leur**

- 간접목적보어인칭대명사 3인칭 단수의 형태는 남성/여성 구분이 없다.

■ 용법

- <전치사 à+인물명사>를 대신한다.
  Je téléphone **à mon père**. → Je **lui** téléphone.

  Tu as des nouvelles de Sophie ?
  – Non, mais je vais **lui** téléphoner.

  Tu parles **à Marie** ?
  – Oui, je **lui** parle.

19

■ 간접목적보어인칭대명사의 위치

- 동사 앞에 위치한다.
  Je **lui** téléphone.

- 부정문에서는 <ne+보어 대명사+동사+pas>의 순서로 놓인다.
  Je ne **lui** téléphone pas.

- 복합시제일 때는 조동사 앞에 위치한다.
  Je **leur** ai écrit.

- 부정법의 목적보어는 부정법 앞에 위치한다.
  Je vais **vous** téléphoner.

■ 직접목적보어와 간접목적보어가 함께 사용될 때의 위치 및 순서

주어 +	me	le	lui	+ (y) + (en) + 동사
	te	la	leur	
	nous	les		
	vous			

Je **te le** donne.

Elle **me la** donne.

Je **le lui** donne.

Je **la leur** donne.

☞ 긍정명령문에서는 목적보어가 동사 뒤로 도치되며, 직접목적보어가 간접목적보어에 앞선다. me, te는 긍정명령문에서 도치될 때 **moi**, **toi**로 바뀐다.

Montre-**le-moi** !

☞ 직접목적보어와 간접목적보어가 모두 1, 2인칭일 때는 간접목적보어를 <**à + 강세형 인칭대명사**>로 하여 동사 뒤에 쓴다.

Elle te m'a recommandé. (×)

Elle **t'**a recommandé **à moi**. (○)

Exercices

1. 밑줄 친 곳에 알맞은 강세형 인칭대명사를 넣으시오.

(1) Je vais au cinéma. Tu viens avec __________ ?

(2) Il est sympa ? – __________, il n'est pas sympa.

(3) Tu es en forme ? – __________, je suis fatigué.

(4) J'aime le café. Ta sœur aussi ? – Non, ________, elle n'aime pas le café.

(5) Thomas et Agnès nous invitent chez ______________.

2. 밑줄 친 낱말을 알맞은 보어인칭대명사로 바꾸시오.

(1) Tu regardes <u>la télé</u>. → Tu ______________ regardes.

(2) Je regarde <u>les enfants</u>. → Je ______________ regarde.

(3) Elle téléphone <u>à son père</u>. → Elle ____________ téléphone.

(4) Il parle <u>aux étudiantes</u>. → Il ____________ parle.

(5) Sa fille ressemble <u>à sa mère</u>. → Elle ____________ ressemble.

3. 다음 의문문에 보어인칭대명사를 사용하여 답하시오.

(1) Tu aimes Sophie ? – Oui, je __________ aime.

(2) Vous connaissez sa mère ? – Non, je ne ________ connais pas.

(3) Vous lisez le journal tous les jours ?

– Oui, je __________ lis tous les jours.

(4) Tu écris souvent à tes amis ? – Oui, je ____________ écris souvent.

(5) Vous téléphonez à vos parents le matin ?

– Oui, je _________ téléphone le matin.

(6) Thomas ressemble beaucoup à son père ?

– Non, il ne ________ ressemble pas.

(7) Elle te passe ses notes de cours ? Oui, elle ______ _________ passe.

(8) Vous laissez les clés à votre femme ? Oui, je ______ ______ laisse.

(9) Vous me prêtez vos livres ? Oui, je _______ ________ prête.

(10) Tu donnes cette robe à ta cousine ? Oui, je ______ ______ donne.

19

제20강 의문대명사

1. 변화하지 않는 의문대명사

■ 형태

	주어	속사, 직접목적보어
사람(누구)	**qui**	**qui**
	qui est-ce qui	**qui est-ce que**
사물(무엇)		**que**
	qu'est-ce qui	**qu'est-ce que**

■ qui

• 주어로 쓰일 때

Qui va là ? = Qui est-ce qui va là ?

Qui parle ? = Qui est-ce qui parle ?

Qui sonne ? = Qui est-ce qui sonne ?

• 속사나 직접목적보어로 쓰일 때

Qui est-ce ? = Qui est-ce que c'est ?

Qui connais-tu ? = Qui est-ce que tu connais ?

Qui demandez-vous ? = Qui est-ce que vous demandez ?

• qui는 전치사와 함께 쓰일 수 있다.

À qui écris-tu ? = À qui est-ce que tu écris ?

À qui pensez-vous ? = À qui est-ce que vous pensez ?

Avec qui vit-elle ? = Avec qui est-ce qu'elle vit ?

De qui parles-tu ? = De qui est-ce que tu parles ?

Pour qui travaillez-vous ? = Pour qui est-ce que vous travaillez ?

■ que

- 주어로 쓰일 때는 qu'est-ce qui만 쓰인다.
  Qu'est-ce qui se passe ?
  Qu'est-ce qui est arrivé ?
  Qu'est-ce qui sonne ?

- 속사나 직접목적보어로 쓰일 때
  Qu'est-ce que c'est ?
  Que cherchez-vous ? = Qu'est-ce que vous cherchez ?
  Que veux-tu ? = Qu'est-ce que tu veux ?
  Que mange-t-elle ? = Qu'est-ce qu'elle mange ?

- 구어에서 동사 뒤에 쓰일 때는 quoi를 쓴다.
  C'est quoi ?
  Vous cherchez quoi ?
  Tu veux quoi ?
  Elle mange quoi ?

- 전치사와 함께 쓰일 때도 quoi를 쓴다.
  À quoi penses-tu ?
  À quoi ça sert ?
  De quoi parlez-vous ?
  De quoi s'agit-il ?

2. 변화하는 의문대명사

■ 형태

남성단수	여성단수	남성복수	여성복수
lequel	**laquelle**	**lesquels**	**lesquelles**

■ 용법

- 언급했거나 언급할 사람이나 사물 중에서 어느 일부를 선택하여 묻고자 할 때 쓰인다.
  Lequel des deux viendra ?
  Vous avez plusieurs amis : lequel préférez-vous ?
  Lequel des deux partis gagnera les élections ?
  Laquelle de ces deux routes dois-je prendre ?

- 전치사 à나 de와 함께 쓰일 때 축약이 일어난다.

	남성단수	여성단수	남성복수	여성복수
à와 함께	**auquel**	**à laquelle**	**auxquels**	**auxquelles**
de와 함께	**duquel**	**de laquelle**	**desquels**	**desquelles**

Auquel des deux frères veux-tu parler ?
À laquelle de ces questions avez-vous répondu ?
Voici deux gâteaux : duquel as-tu envie ?
De laquelle des deux sœurs es-tu l'ami ?

Exercices

1. 밑줄 친 곳에 알맞은 의문대명사(불변형)를 쓰시오.

(1) ______________ cherchez-vous ? (personne)

(2) ______________ cherchez-vous ? (chose)

(3) À ________________ écris-tu ?

(4) Pour ________________ travaillez-vous ? – Pour ma famille.

(5) ____________________________ se passe ?

(6) Vous cherchez __________________ ?

– Je cherche ma clé.

(7) ____________________________ sonne ?

– C'est mon téléphone portable.

(8) ________________ voulez-vous boire ?

(9) ________________ chante ?

(10) __________________ faites-vous dans la vie ?

(11) ____________________ te l'a dit ?

(12) ____________________________ tu veux ?

– Moi, je veux un jus d'orange.

20

2. 밑줄 친 곳에 알맞은 의문대명사(변화형)을 쓰시오.

(1) _________________ de ces livres préférez-vous ?

(2) J'hésite entre ces deux robes : ______________ préfères-tu ?

(3) Passez-moi le stylo. – __________________ ?

(4) Un de vos amis vous demande au téléphone ? _______________ ?

(5) ________________ des enfants est le plus vif ?

(6) _________________ de ces cravates préférez-vous ?

(7) À _________________ de tes amies as-tu écrit ?

(8) Il y a deux guichets : _____________ dois-je m'adresser ?

(9) Parmi ces chaussettes, _______________________ sont à toi ?

(10) ____________________ des deux employées voulez-vous parler ?

제21강 지시대명사와 소유대명사

1. 지시대명사

1) 변화하지 않는 지시대명사 : **ce, ceci, cela**

■ ce의 용법

- ĉtrc의 주어로 사람 또는 사물을 지시힌다.
  C'est ma femme.
  Ce sont mes parents.
  C'est pour la vie.
  Ce doit être vrai.

- 비인칭구문에 쓰인다.
  C'est facile[difficile] d'apprendre le français.
  C'est utile de faire un stage en banque ?

- 강조구문에 쓰인다.
  C'est moi qui ai gagné.
  C'est lui qu'elle aime.
  C'est pour la liberté qu'ils se sont battus.

- 관계대명사의 선행사로 쓰인다.
  Prends ce qui te plaît.
  Elle me donne ce que je veux.
  Il fait ce dont il est capable.

- 간접의문절에 쓰인다.
  Dites-moi ce qui est arrivé.
  Personne ne sait ce qui va arriver.

■ ceci, cela의 용법

- ceci는 가까운 것, cela는 먼 것을 가리킨다.
  Ceci est vrai, cela est faux.
  Laissez ceci et prenez cela.

- 원근을 따지지 않을 때는 cela를 쓴다.
  Elle m'a dit cela.
  Je suis au courant de cela.

☞ 일상 회화에서는 cela 대신 ça를 많이 쓴다.
Ça va bien ?
Ça vous plaît ?
Qu'est-ce que ça veut dire ?

2) 변화하는 지시대명사

■ 형태

	남성단수	여성단수	남성복수	여성복수
단순형	**celui**	**celle**	**ceux**	**celles**
복합형	**celui-ci** **celui-là**	**celle-ci** **celle-là**	**ceux-ci** **ceux-là**	**celles-ci** **celles-là**

21

■ 용법

- 이미 앞에서 언급한 명사를 받으며 그 명사의 성·수에 일치된다.
  ma femme et celle de mon collègue
  les mœurs d'aujourd'hui et celles d'autrefois
  Ma voiture est noire et celle de ma fille est rouge.

- 불특정한 사람을 지시한다.
  Heureux celui qui meurt d'aimer.
  Aimez ceux qui vous aiment.

- 두 대상을 구별하여 쓸 때는 복합형을 쓴다.
  Voici deux voitures, celle-ci est la plus rapide mais celle-là est la plus confortable.
  De ces gâteaux, ceux-ci sont meilleurs que ceux-là.

- -ci는 <후자>를, -là는 <전자>를 의미하기도 한다.
  J'ai rencontré un homme et une femme; celle-ci était française et celui-là était anglais.

2. 소유대명사

■ 형태

	남성단수	여성단수	남성복수	여성복수
나의 것	**le mien**	**la mienne**	**les miens**	**les miennes**
너의 것	**le tien**	**la tienne**	**les tiens**	**les tiennes**
그/그녀의 것	**le sien**	**la sienne**	**les siens**	**les siennes**
우리들의 것	**le nôtre**	**la nôtre**	**les nôtres**	**les nôtres**
너희들/당신(들)의 것	**le vôtre**	**la vôtre**	**les vôtres**	**les vôtres**
그/그녀들의 것	**le leur**	**la leur**	**les leurs**	**les leurs**

■ 용법

- 소유대명사는 이미 소유의 개념으로 지칭된 사람이나 사물을 나타낸다.
  Prêtez-moi votre voiture, la mienne est en panne.
  Prête-moi tes notes, je ne trouve plus les miennes.

- 소유형용사와 마찬가지로 소유되는 명사의 성·수에 일치한다.
  Les gants noirs sont les miens.
  Voilà tes chaussures, où sont les miennes ?
  Sa fille a quinze ans, la mienne a vingt ans.

Exercices

1. 밑줄 친 곳에 알맞은 지시대명사를 쓰시오.

(1) __________ est ma sœur.

(2) __________ est mon type.

(3) Qu'est-ce que ____________ veut dire ?

(4) À qui est ce vélo ? – C'est ____________ de Paul.

(5) Ce dictionnaire est à toi ? – Non, c'est _____________ de mon frère.

(6) Cet ordinateur portable est à toi ? – Non, c'est ____________ de mon père.

(7) Voici une valise. C'est _____________ de ma fille.

(8) Je voudrais ce gâteau. – ____________ -ci ?

(9) Je voudrais cette baguette. – ____________ -ci ?

(10) J'adore cette voiture. – Moi, je préfère ____________ -là.

(11) Quelle robe vous plaît ? Celle-ci ou _____________________ ?

(12) Je ne comprends pas ___________ que vous dites.

2. 밑줄 친 곳에 알맞은 소유대명사를 쓰시오.

(1) Ce vélo est à toi ? – Non, ce n'est pas ____________________.

(2) Ces gants sont à elle ? – Oui, ce sont ____________________.

(3) Cette voiture est à vous ? – Non, ce n'est pas ____________________.

(4) Cette clé USB est à toi ? – Oui, c'est ____________________.

(5) Ces robes sont à toi ? – Oui, ce sont ____________________.

(6) Voici mon adresse, donnez-moi ____________________.

(7) Nous avons nos soucis et ils ont ____________________.

(8) Il a son projet d'avenir et elle a ____________________.

(9) J'ai mon passeport et ma femme a ____________________.

(10) Prête-moi ton téléphone portable, j'ai perdu ____________________.

제22강 중성대명사

중성대명사는 성과 수에 관계없이 쓰이는 대명사로서, le, en, y 세 가지가 있다.

■ le

- 속사로 쓰인 형용사, 무관사 명사를 대신한다. 형용사나 명사의 성과 수에 따른 변화는 없다.

  Est-ce que vous êtes content ? – Oui, je **le** suis. (le = content)

  Est-ce que vous êtes contente ? – Non, je ne **le** suis pas. (le = contente)

  Vous êtes Français ? – Oui, je **le** suis. (le = Français)

  Camille est intelligente, mais Elisa ne **l'**est pas. (le = intelligente)

- 부정법을 대신한다.

  Est-ce que je peux commencer ?

  – Oui, vous **le** pouvez. (le = commencer)

  Elle m'a dit de sortir. → Elle me **l'**a dit. (le = de sortir)

☞ 동사 aimer의 경우, 부정법절은 le로 대치될 수 없고, cela, ça로 대치된다.

Aimez-vous regarder la télévision ?

– Oui, j'aime **ça**.

☞ <전치사 à/de+부정법>이 간접목적보어나 상황보어일 때는 en이나 y로 대치된다.

Je vous remercie de m'avoir aidé. → Je vous **en** remercie.

Elle m'a invité à dîner. → Elle m'**y** a invité.

- 앞 문장의 내용 전체를 대신한다.

  Elle est malade. Tu **le** sais ? (= Tu sais qu'elle est malade ?)

  Est-ce que vous savez qu'elle part demain pour la France ?

  – Oui, je **le** sais.

■ en

- <전치사 de+명사>를 대신한다.

  Vous êtes content de cet appartement ?

  – Oui, j'**en** suis content. (en = de cet appartement)

  On a parlé de la conférence ? – Oui, on **en** a parlé.

  Elle vient de Chine. → Elle **en** vient.

☞ **<de+인물명사>**는 en으로 받을 수 없고 **<de+강세형 인칭대명사>**로 한다.

Elle parle souvent de son ami. → Elle parle souvent **de lui**.

Je me souviens de mes voisins. → Je me souviens **d'eux**.

- <부분관사 du/de la+명사>를 대신한다.

  Vous voulez du vin ? – Oui, j'**en** veux. (en = du vin)

  Tu as de l'argent ? – Non, je n'**en** ai pas. (en = d'argent)

- <수량표현+명사>에서는 명사만 en으로 바뀐다.

  Elle a deux frères. → Elle **en** a deux.

  Il y a beaucoup de monde dans la rue.

  → Il y **en** a beaucoup dans la rue.

  Combien de tomates voulez-vous ?

  – J'**en** veux un kilo.

☞ Vous avez des enfants ?

– Oui, j'en ai. (×)

– Oui, j'**en** ai **un**[**deux** / **trois** / …]. (○)

■ y

- <de 이외의 장소 전치사(à / dans / sur / sous)+명사>를 대신한다.

  On va au musée ? – Oui, on **y** va. (y = au musée)

  Tu es passé à la poste ?

  – Non, mais j'**y** vais tout de suite. (y = à la poste)

- <전치사 à+명사>를 대신한다. 이때 명사는 사물이다.

  Elle pense à son avenir. → Elle **y** pense.

  Il songe à sa patrie. → Il **y** songe.

  Vous avez réfléchi à ma proposition ?

  – Non, pas encore. J'**y** réfléchirai.

  Vous jouez au golf ?

  – Oui, j'**y** joue. / Non, je n'**y** joue pas.

☞ <전치사 à+명사>에서 명사가 사람일 경우 parler, donner 등은 **간접목적보어인칭대명사**로, penser, songer 등은 <**à+강세형 인칭대명사**>로 대치된다.

Je parle à Agnès. → Je **lui** parle.

Je pense à Agnès. → Je pense **à elle**.

Il songe à son amie pendant le voyage.

→ Il songe **à elle** pendant le voyage.

■ 중성대명사의 위치

- 동사 앞에 위치한다.

  Nous **en** parlons.

  J'**y** vais.

☞ 준조동사가 쓰인 경우 부정법 앞에 위치한다.

Nous allons **y** aller.

La gare n'est pas loin, on peut **y** aller en 5 minutes.

- 긍정명령문에서는 동사 뒤에 위치한다.

  Parlez-**en**.

  Vas-**y**.

  Mettez du sucre dans la tasse. → Mettez-**y-en**.

- 목적보어인칭대명사와 함께 쓰일 때는 <목적보어인칭대명사+y/en+동사>의 순서로 놓인다.

  Elle a donné des bonbons à Pierre. → Elle **lui en** a donné.

Exercices

1. 다음 질문에 중성대명사 le를 사용하여 답하시오.

(1) Est-ce qu'elle est Française ? – Oui, ____________________

(2) Vous êtes content ? – Oui, ____________________

(3) Est-ce que je peux sortir ? – Oui, ____________________

2. 다음 질문에 중성대명사 en을 사용하여 답하시오.

(1) Vous revenez de Séoul ? – Oui, ____________________

(2) Elle est contente de cette maison ? – Oui, ____________________

(3) Vous voulez du café ? – Oui, ____________________

3. 다음 질문에 중성대명사 y를 사용하여 답하시오.

(1) Tu vas à l'école ? – Oui, ____________________

(2) Elle arrive à Paris cet après-midi ? – Oui, ____________________

(3) Vous pensez à votre avenir ? – Oui, ____________________

(4) Elle songe à la chirurgie esthétique ? – Non, ____________________

4. 다음 질문에 알맞은 중성대명사(le, en, y)를 사용하여 답하시오.

(1) Son père est malade. Vous ________ savez ?

(2) Demain, c'est mon anniversaire. Tu ______ sais ?

(3) Tu bois de la bière ? – Oui, je ______ bois souvent.

(4) Le train arrive à quelle heure ?

– Je vais ________ demander au guichet.

(5) Tu manges du fromage ?

– Non, ____________________

(6) Ils parlent de ce problème ?

– Non, ____________________

(7) Vous allez souvent au cinéma ?

– Oui, ____________________

22

제23강 부정대명사

부정대명사는 사람 또는 사물을 막연하게 가리키는 대명사로서, 성과 수에 따라 변하지 않는 것과 변하는 것이 있다.

1. 변화하지 않는 부정대명사

- **personne** : 아무도
  Il n'y a personne dans la maison.
  Personne n'est venu chez moi.

- **n'importe qui** : 아무나, 누구나 ((임의의 사람))
  N'importe qui peut venir.
  Demandez à n'importe qui.

- **n'importe quoi** : 아무거나, 어떤 것이라도 ((임의의 사물))
  Tu dis n'importe quoi.
  Donne-moi n'importe quoi.

- **quelque chose** : 어떤 것[일]
  J'ai faim. Tu as quelque chose à manger ?
  Y a-t-il quelque chose de nouveau ?

- **rien** : 아무 것도
  Elle sait quelque chose ? – Non, elle ne sait rien.
  Que faites-vous ? – Rien.

- **plusieurs** : 여러 사람, 여럿이
  Plusieurs de mes élèves sont malades.
  Plusieurs ont été grièvement blessés.

2. 변화하는 부정대명사

남성단수	여성단수	남성복수	여성복수	의미
aucun	**aucune**	–	–	아무도, 아무것도
chacun	**chacune**	–	–	각자, 각기
nul	**nulle**	–	–	아무도
–	–	**certains**	**certaines**	어떤 사람들
quelqu'un	**quelqu'une**	**quelques-uns**	**quelques-unes**	누군가
tel	**telle**	**tels**	**telles**	어떤 사람
tout		**tous**[tus]	**toutes**[tut]	모두, 모든 것
un	**une**	**uns**	**unes**	한명, 어떤 사람(들)
autre	**autre**	**autres**	**autres**	다른 사람[것](들)

- aucun

  Je ne connais aucun de ses amis.

  Aucune d'entre ces robes ne lui a plu.

- chacun

  Chacun connaît sa valeur.

  Chacun des clients recevra un cadeau.

- nul ((주로 문어에 쓰임; 일상어에서는 personne를 씀))

  Nul ne sait où elle est.

  Nul ne voudrait mourir.

- certains

  Certains sont d'accord, d'autres pas.

  Certaines d'entre elles sont venues.

- quelqu'un

  Je connais quelqu'un qui habite à Londres.

  Quelques-uns des spectateurs sont partis avant la fin de la pièce.

- tel

  Je l'ai vue chez un tel.

  Tel rit, tel autre pleure.

- tout / tous / toutes

– tout : 중성대명사로서 사물만 지칭하며 <모든 것>을 의미한다.

Tout est prêt. (모든 것)

Il n'y a plus de pain, on a tout mangé.

– tous / toutes : 사람, 사물 모두 지칭한다.

Nous avons tous nos petits défauts.

Elles sont toutes parties pour Londres.

Il avait des actions, il les a toutes vendues.

- un(e)(s)

L'un de mes amis habite en banlieue.

Tu dois choisir l'un de ces livres.

- autre

– 부정관사와 함께

Ce n'est pas elle, c'est une autre.

– 정관사와 함께

Elle se méfie des autres.

– l'un / les uns과 대구적으로

L'un est riche, l'autre est pauvre.

Les uns jouent, les autres travaillent.

Aimez-vous les uns et les autres !

Ils sont fidèles l'un à l'autre.

☞ l'un et l'autre가 주어로 쓰이면 동사는 복수가 되나 단수도 가능하다. 하지만 동사가 l'un et l'autre에 선행할 때는 복수만 쓰인다. l'un ou l'autre의 경우에는 단수로 쓰인다.

L'un et l'autre sont partis[est parti].

Ils ont réussi l'examen l'un et l'autre.

L'un ou l'autre sera présent lors de ton arrivée à l'aéroport.

Exercices

1. 밑줄 친 곳에 알맞은 부정대명사를 넣으시오.

보기 : personne, plusieurs, quelque chose, rien, n'importe qui, n'importe quoi

(1) J'ai ____________ à vous dire.

(2) Vous avez ____________ à manger ?

(3) ______________ ne me le dit.

(4) Ça ne sert à ________________ de pleurer.

(5) __________________ peut le faire.

(6) Il n'y a ____________ d'intéressant à la télévision, ce soir.

(7) Ne dis pas ________________________.

(8) Je dois acheter __________________ pour l'anniversaire de ma femme.

(9) ____________ sont absents.

(10) Est-ce qu'il y a des restaurants italiens dans ce quartier ?

– Oui, il y en a ________________.

2. 밑줄 친 곳에 알맞은 부정대명사를 넣으시오.

보기 : aucun, aucune, certains, chacun, nul, quelqu'un, tel, tout, tous, toutes, un, autre, autres, l'un à l'autre, l'un ou l'autre

(1) ______________ d'elles n'est venue.

(2) Je connais ________________ qui travaille en Chine.

(3) Elles sont ______________ parties.

(4) Nous avons ______________ nos petits défauts.

(5) ____________ doit tenir sa parole.

(6) ________________ de mes amis sont venus me voir chez moi.

(7) Il n'y a plus de pain, on a __________ mangé.

(8) Les uns jouent, les ____________ travaillent.

(9) __________ sont prêts.

(10) Ils sont fidèles ____________________.

제24강 관계대명사

관계대명사는 접속사와 대명사의 기능을 동시에 갖고 있는 대명사로서 선행사 뒤에 놓인다. 관계대명사에는 변화하지 않는 단순형과 선행사의 성·수에 따라 변화하는 복합형이 있다.

1. 단순형 관계대명사

■ qui

• 선행사가 사람이든 사물이든 관계없이 관계절에서 주어의 역할을 한다.
Elle aime sa fille. Sa fille est mignonne.
→ Elle aime sa fille qui est mignonne.

Il mange des frites. Elles sont froides.
→ Il mange des frites qui sont froides.

J'ai un ami qui parle très bien le français.
C'est un livre qui est intéressant.
Le tableau qui est sur le mur est de Monet ?

• 전치사와 함께 사용될 수 있다.
Le garçon à qui il parle est son meilleur ami.
Elle est la seule personne sur qui je puisse compter.
Je cherche quelqu'un avec qui voyager.

• ce qui : 선행사를 포함하여 주어의 역할을 하며 <~한 것>으로 해석된다.
Ce qui n'est pas clair n'est pas français.
Ce qui me plaît, ce sont les bijoux.

■ que

- 선행사가 사람이든 사물이든 관계없이 관계절에서 직접목적보어의 역할을 한다.
  Voilà la clé. Vous cherchez la clé.
  → Voilà la clé que vous cherchez.

  La femme qu'il aime est blonde.
  Quelle est la langue que vous étudiez ?

- ce que : 선행사를 포함하여 목적어의 역할을 하며 <~한 것>으로 해석된다.
  Ce que j'aime, c'est le café.
  Dis-moi ce que tu aimes.

■ où

- 시간이나 장소를 나타내며, 관계부사로 불리기도 한다.
  La ville où elle habite est belle.
  L'hôtel où elle demeure n'est pas loin d'ici.
  Indiquez-moi un restaurant où on puisse bien manger.
  Je t'attends dans un café où il y a du soleil.
  C'est un pays où il y a des paysages magnifiques.

  Elle part à l'heure où j'arrive.
  C'est l'heure où il fait le plus chaud.
  Quel est le mois où nous partons en vacances ?
  Quelle est l'année où la France a gagné la Coupe du monde de football ?
  Je me souviens du jour où nous nous sommes rencontrés.

■ dont

- 전치사 de를 포함한 관계대명사로서, dont 속에 포함된 de는 관계절의 동사나 주어, 속사, 보어와 연결된다.
  Voici le livre dont je t'ai parlé hier. (parler de ~)
  Elle ne sait pas la maladie dont son père est mort. (mourir de ~)

Je connais Isabelle dont le frère est dentiste. (le frère de ~)
Voilà l'élève dont je suis content. (être content de ~)
Carole a un nouveau travail dont elle est contente. (être contente de ~)
Voilà la fille dont vous connaissez bien la mère. (la mère de ~)

☞ maison dont il sort 그의 출신 가문 ((가계))
maison d'où il sort 그가 나온 집 ((출발점))

■ quoi

- 원칙적으로 전치사와 함께 사용되며, 선행사로 중성대명사 ce나 부정대명사 rien, quelqu'un, quelque chose 등이 온다.
  C'est ce pour quoi je vous ai appelé.
  Il n'y a rien sur quoi l'on ait tant disputé.
  Je devine à quoi vous pensez.

2. 복합형 관계대명사

	남성단수	여성단수	남성복수	여성복수
주어/직접보어	**lequel**	**laquelle**	**lesquels**	**lesquelles**
à와 함께	**auquel**	**à laquelle**	**auxquels**	**auxquelles**
de와 함께	**duquel**	**de laquelle**	**desquels**	**desquelles**

- 원칙적으로 선행사가 사물이고 전치사와 쓰일 때 사용된다.
  C'est la canne avec laquelle il m'a frappé.
  Les vacances dureront deux mois, pendant lesquelles nous irons à la mer.
  C'est un problème auquel je n'ai pas pensé.
  Le musée près duquel j'habite est le musée Guimet.
  Rouen est la ville à côté de laquelle elle est née.
  C'est une rue au bout de laquelle on voit la mer.

- 선행사가 사람일 경우라도 혼동을 피하기 위해 사용될 수 있다.
  J'ai rencontré la sœur de Thomas lequel je connais. (내가 아는 사람은 토마)

Exercices

1. 밑줄 친 곳에 qui, que 중에서 알맞은 것을 넣으시오.

(1) Elle a une fille ____________ a 20 ans.

(2) Le livre ____________ tu lis est intéressant ?

(3) Il attend un ami ____________ est en retard.

(4) L'homme ____________ j'ai rencontré est mon collègue.

(5) Cette voiture bleue ____________ passe me plaît beaucoup.

2. 밑줄 친 곳에 ce qui, ce que를 넣어 문장을 완성하시오.

(1) Dis-moi ________________ tu n'aimes pas.

(2) Dites-moi ________________ vous énerve.

(3) Il me donne ________________ je veux.

(4) ____________ elle aime, c'est le cinéma.

(5) Rendre à César ____________ appartient à César.

3. 밑줄 친 곳에 dont, où 중에서 알맞은 것을 넣으시오.

(1) La ville ____________ nous sommes nés est une petite ville.

(2) Le jour ____________ je suis né est le 5 novembre 1997.

(3) Le film ____________ je t'ai parlé est formidable.

(4) C'est un travail ____________ je suis content.

(5) Quelle est la saison ____________ il fait le plus chaud en Corée ?

4. 밑줄 친 곳에 알맞은 관계대명사를 보기 중에 골라 넣으시오.

보기 : lequel, laquelle, auquel, à laquelle, duquel, de laquelle

(1) C'est son chien avec ________________ elle se promène souvent.

(2) La société pour ____________ elle travaille est à Paris.

(3) Quel est le cadeau ____________ vous avez pensé ?

(4) Le lit dans ____________ je dors est confortable.

(5) Je ne comprends pas la raison pour ____________ tu refuses mon invitation.

(6) C'est un film à la fin ________________ tout le monde pleure.

제25강 비교급과 최상급

1. 비교급

■ 형용사·부사의 비교급

우등 비교	**plus ～ que**
동등 비교	**aussi ～ que**
열등 비교	**moins ～ que**

• 형용사는 주어의 성과 수에 일치하지만 부사는 변하지 않는다.
  Pierre est plus grand que Jean.
  Céline est aussi charmante que Laurence.
  Le chien court moins vite que le cheval.

• 동등 비교급의 부정은 aussi ～ que나 si ～ que 모두 사용 가능하나 후자가 더 많이 쓰인다.
  Léa n'est pas si[aussi] grande que Nadia.
  Elle n'est pas si[aussi] belle que sa sœur.

• 비교의 que 이하가 절일 수도 있는데 이때는 허사 ne를 쓸 수 있다.
  Il est plus intelligent qu'on ne pensait.

• que 이하의 비교 대상이 생략될 수 있다.
  Aujourd'hui, il fait plus chaud.

■ **동사의 비교급**

우등 비교	**～ plus que**
동등 비교	**～ autant que**
열등 비교	**～ moins que**

Il travaille plus que son collègue.
L'été dernier il a plu autant que cet été.
Il fume moins qu'avant.

25

■ 명사의 비교급

우등 비교	**plus de ~ que**
동등 비교	**autant de ~ que**
열등 비교	**moins de ~ que**

J'ai plus de livres que lui.
Il a autant de défauts que de qualités.
Elle a moins d'argent qu'avant.
Il y a beaucoup plus de monde qu'on ne croit.

■ 특수한 형태의 비교급

원급	비교급
bon(ne)	**meilleur(e)**
mauvais(e)	**pire**
petit(e)	**moindre**
bien	**mieux**
mal	**pis**
beaucoup	**plus**
peu	**moins**

Le vin français est meilleur que le vin américain.
Le remède est pire que le mal.
L'intérêt est moindre que vous ne croyez.
Elle joue mieux du violon que moi.

☞ moindre는 주로 추상적인 의미로 쓰이며 구체적인 크기의 비교에는 plus[moins] petit를 쓴다.
Il est plus petit que son frère.

2. 최상급

■ 형용사의 최상급

정관사[le/la/les] + plus ~ (de) 정관사[le/la/les] + moins ~ (de)

Quelle est la langue la plus parlée au monde ?
L'été est la saison la moins agréable de l'année.
Les plus beaux villages de France partagent la même passion et la même ambition.

■ 부사·동사의 최상급

정관사[le] + plus ~ (de) 정관사[le] + moins ~ (de)

• 부사의 최상급인 경우 정관사는 항상 le이다.
Le guépard court le plus vite parmi les animaux.
Dans quel pays travaille-t-on le moins ?
C'est Marie qui dort le plus.

■ 명사의 최상급

정관사[le] + plus de ~ (de) 정관사[le] + moins de ~ (de)

Quel est le fruit qui contient le plus de vitamine C ?
La France a le moins de professeurs par élèves de tous les pays de l'OCDE.

• 최상급에서는 소유형용사가 정관사를 대신할 수 있다.
Son plus grand plaisir est le voyage.
C'est son meilleur résultat.

• 비교급에서 특수한 형태를 갖는 형용사나 부사는 최상급에서도 특수한 형태를 갖는다.
Il est le meilleur écrivain de son temps.
Ce vin est le meilleur.
Le pire est à venir.
Elle n'a pas le moindre doute.
Au moindre bruit, elle s'éveille.
Elle nage le mieux.
C'est Paul qui gagne le plus.

Exercices

1. 밑줄 친 곳에 적당한 비교급을 넣으시오.

(1) La Chine est ___________ grande que la France.

(2) La campagne est ______________ peuplée que la ville.

(3) L'argent est _________________ précieux que l'or.

(4) Aujourd'hui, le niveau de vie est ______________ élevé qu'autrefois.

(5) Il fait ______________ froid la nuit que le jour.

(6) Il y a ______________ cancers aujourd'hui qu'autrefois.

(7) Les gens vivent _____________ longtemps qu'avant.

(8) En général, les hommes vivent ___________________ longtemps que les femmes.

(9) La rivière est _________________ large que le fleuve.

(10) À la campagne, il y a ______________________ pollution qu'en ville.

2. ( ) 안의 낱말을 비교급으로 바꾸어 문장을 완성하시오.

(1) Elle danse _____________ que moi. (bien)

(2) Le café italien est ______________ que le café américain. (bon)

(3) La situation est _______________ que je ne pensais. (mauvais)

(4) Tu as _________________ mine qu'hier. (bon)

(5) Ce chanteur est ______________ que le précédent. (mauvais)

3. ( ) 안의 낱말을 이용하여 최상급 문장으로 만드시오.

(1) Je crois que la Russie est ________________ grand pays du monde. (beaucoup)

(2) Le plus tôt sera ___________________. (bien)

(3) C'est le modèle ______________________ cher qu'on puisse trouver. (peu)

(4) Quelle est ___________________ ville de votre pays ? (bon)

(5) Elle a _________________ argent de ses amies. (beaucoup)

(6) Sophie est _________________ jolie fille de la classe. (beaucoup)

(7) C'est elle que j'aime ______________. (bien)

(8) C'est ______________ chose qui puisse lui arriver. (mauvais)

(9) Je n'ai pas ________________________ doute à ce sujet. (petit)

(10) Quelle est la saison ________________ agréable de l'année ? (beaucoup)

제26강 수동문/명령문/감탄문/강조구문

1. 수동문

■ 형태 : être+과거분사+(par+동작주보어)

■ 용법

• 직접타동사만이 수동태 구문이 가능하며, 능동태의 직접목적어만이 수동태의 주어가 될 수 있다.
Thomas écrit une lettre à Agnès.
→ Une lettre **est écrite** à Agnès **par** Thomas.

☞ 동작주보어로는 고유명사나 일반명사가 온다.
Cette photo a été prise par Pierre. (○)
Cette photo a été prise par moi. (×)

• être의 시제가 수동태의 시제가 된다.
Je **suis invité** par Agnès. <현재>
J'ai été invité par Agnès. <복합과거>
Je **serai invité** par Agnès. <단순미래>

• 과거분사는 주어의 성·수에 일치한다.
Elle a été invité**e** par Pierre.
Les enfants sont vacciné**s** à l'école.

• 동작주보어 중 동사 행위가 구체적이고 일시적인 경우에는 <par>를 쓰고, 행위가 습관적이거나 지속적이어서 행위 자체보다는 상태의 계속을 나타낼 경우에는 <de>를 쓴다. 주로 aimer, respecter, connaître 등의 동사가 사용되었을 때 <de>가 쓰인다.
Tous les étudiants respectent ce professeur.
→ Ce professeur est respecté **de** tous les étudiants.

Cette personne est connue[aimée / respectée] **de** tous.

- 능동태의 주어가 일반적인 주어 on일 때는 수동태에서 동작주보어를 생략한다.
  On ouvre la boutique à 10 heures.
  → La boutique est ouverte à 10 heures.

  Le nom du nouveau chef de gouvernement sera annoncé ce lundi.

2. 명령문

■ 형태

- 2인칭 단수, 1인칭 복수, 2인칭 복수에 대한 직설법 현재 활용에서 주어를 생략하고 동사만 쓰면 명령법이 된다. 단, 1군동사 2인칭 단수의 경우 활용어미 -es에서 's'를 생략한다.
  tu regardes → Regarde !
  nous regardons → Regardons !
  vous regardez → Regardez !

- 1군동사는 아니지만 ouvrir, offrir 등과 같이 1군 규칙 동사의 어미변화를 하는 동사들과 aller 동사의 2인칭 단수에서도 's'를 생략한다.
  tu ouvres → **Ouvre** !
  tu offres → **Offre** !
  tu vas → **Va** !

☞ 중성대명사 en이나 y가 뒤따를 때는 's'가 다시 쓰인다.
Parle**s**-en !
Va**s**-y !

- 대명동사의 명령형
  tu te dépêches → Dépêche-toi ! / Ne te dépêche pas !
  vous vous dépêchez → Dépêchez-vous ! / Ne vous dépêchez pas !
  nous nous dépêchons → Dépêchons-nous ! / Ne nous dépêchons pas !

• 특수한 명령형

	être	avoir	savoir	vouloir
tu nous vous	**sois** **soyons** **soyez**	**aie** **ayons** **ayez**	**sache** **sachons** **sachez**	**veuille(veux)** **veuillons(voulons)** **veuillez(voulez)**

Sois prudent !
Sois sage !
Ayez du courage !
N'ayez pas peur !
Sachez bien que jamais je n'accepterai !
Sachez bien pour qui vous votez en 2022.
Veuillez excuser mon retard.
Veuillez préciser l'objet de votre demande.

• 부정 명령문
Ne parle pas en mangeant.
Ne fumez pas à l'intérieur du bâtiment.
Ne vous séparez pas de vos affaires personnelles.

■ 용법

• 명령, 지시, 금지
Fermez la porte.
Etiquetez tous vos bagages.
Ne fumez pas dans la salle de classe.

• 요청
Prêtez-moi de l'argent pour les médicaments.
Regardons la télévision.

• 충고, 격려, 기원
Reposez-vous bien !
Ayez du courage !

- 조건
  Cherchez et vous trouverez.
  Frappez et l'on vous ouvrira.

26

■ 명령문에서 목적보어인칭대명사의 위치

- 긍정명령문 : 동사 직후에 놓이며, me는 **moi**로, te는 **toi**로 바뀐다. 목적보어인칭대명사가 두 개일 경우에는 [동사+직접목적보어+간접목적보어]의 순서로 놓인다.
  Donne-lui ce dictionnaire.
  Passe-moi le sel.
  Présente-le-moi.

- 중성대명사 en, y는 목적보어인칭대명사 뒤에 놓인다. 이때 moi, toi는 다시 me, te가 된다.
  Apporte-moi de l'eau. → Apporte-m'**en**.
  Offre-lui du bon vin. → Offre-lui-**en**.

- 부정명령문 : 원래의 위치인 동사 앞에 쓰이며, 그들 사이의 순서도 평서문에서의 순서와 같다.
  Ne me touche pas.
  Ne me le présente pas.

3. 감탄문

- quel(quelle, quels, quelles)+명사
  Quel beau temps !
  Quelle chaleur !
  Quels beaux tableaux !

- comme[combien]+주어+동사
  Comme tu es gentil !
  Comme il fait chaud !
  Combien elle est méchante !
  Combien je suis heureux !

- que＋주어＋동사 / que de＋명사
  Qu'il fait beau !
  Que de monde !

4. 강조구문 : c'est ~ qui/que 구문

- 강조되는 부분이 주어일 경우는 qui를, 주어 이외의 다른 성분이 강조될 때는 que를 사용한다.
  Son fils est malade. → C'est son fils **qui** est malade.
  J'aime le vin. → C'est le vin **que** j'aime.
  Elle part demain. → C'est demain **qu**'elle part.

- 전치사구를 강조할 때는 전치사를 함께 이동시켜야 한다.
  J'ai parlé à votre mère.
  → C'est **à votre mère** que j'ai parlé.

  Je chante pour vous.
  → C'est **pour vous** que je chante.

- 강조되는 부분이 주어나 직접목적보어인칭대명사일 경우에는 강세형 인칭대명사를, 간접목적보어인칭대명사일 경우에는 <전치사＋강세형 인칭대명사>를 쓴다.
  Il sera content de vous voir.
  → C'est **lui** qui sera content de vous voir.

  Elle m'aime.
  → C'est **moi** qu'elle aime.

  Je te parle.
  → C'est **à toi** que je parle.

Exercices

1. 다음 문장을 수동문으로 고치시오.

(1) Mon père invite ses amis. → ______________________

(2) On a repeint les salles. → ______________________

(3) On a changé les moquettes. → ______________________

(4) Philips a inventé le compact disc. → ______________________

(5) Saint-Exupéry a écrit "Le Petit Prince".

→ ______________________

2. ( ) 안에 주어진 동사를 지시에 따라 명령형으로 쓰시오.

(1) Ne ____________ pas la télévision ! (regarder, 2인칭 복수)

(2) ____________ tes devoirs avant le dîner ! (finir, 2인칭 단수)

(3) ____________ vous asseoir ! (vouloir, 2인칭 복수)

(4) ____________ chez le médecin ! (aller, 2인칭 단수)

(5) Ne ____________ pas beaucoup ! (fumer, 1인칭 복수)

(6) ____________ du courage ! (avoir, 2인칭 복수)

(7) ____________ prudent ! (être, 2인칭 단수)

3. 주어진 낱말을 이용하여 감탄문을 만드시오.

(1) chaud, comme, fait, il → ______________________

(2) comme, heureux, je, suis → ______________________

(3) le, passe, que, temps, vite → ______________________

(4) beau, combien, fait, il → ______________________

(5) beau, quel, temps → ______________________

4. 밑줄 친 낱말을 강조하여 c'est ~ qui/que 구문으로 만드시오.

(1) <u>Je</u> l'aime. → ______________________

(2) Elle adore <u>le cinéma</u>. → ______________________

(3) Je pars <u>demain</u> pour la France.

→ ______________________

(4) <u>Il</u> a compris le plus vite.

→ ______________________

제27강 조건법

1. 조건법 현재

■ 형태 : **직설법 단순미래 어간+직설법 반과거 어미**

조건법 현재 변화형

	aimer	finir	être	avoir	vouloir
je[j']	aimerais	finirais	serais	aurais	voudrais
tu	aimerais	finirais	serais	aurais	voudrais
il/elle	aimerait	finirait	serait	aurait	voudrait
nous	aimerions	finirions	serions	aurions	voudrions
vous	aimeriez	finiriez	seriez	auriez	voudriez
ils/elles	aimeraient	finiraient	seraient	auraient	voudraient

■ 용법

• 현재나 미래에 대한 비현실적 가정 : si 조건절에는 **반과거** 시제가 쓰인다.
S'il **faisait** beau aujourd'hui, je **ferais** du tennis.
Si tu **étais** riche, que **ferais**-tu ?
Si vous **reveniez** demain, je **serais** heureux.

☞ 현재나 미래에 대해 충분히 가능한 가정에 대해서는, si 절에서는 직설법 **현재**가, 주절에서는 직설법 현재나 미래시제가 쓰인다. 전미래 또는 선행성을 나타낼 때는 si 절에서 전미래 대신 복합과거가 쓰인다.
S'il **fait** beau demain, on **peut** se promener.
L'avion ne **décollera** pas s'il y **a** du brouillard.
Si vous **avez mangé** trop de chocolats, vous **serez** malade.
Si tu n'**as** pas **fini** ce soir, tu ne **pourras** pas aller au cinéma.

• 어조를 부드럽고 공손하게 하기 위해
Je **voudrais** vous demander quelque chose.
J'**aimerais** vous voir aussi tôt possible.

Pourriez-vous m'attendre ?

• 추측이나 아직 확인되지 않은 정보를 표현

Il **serait** à New York aujourd'hui.

Il n'y **aurait** aucun Français parmi les victimes.

• 과거 속의 미래 : 주절의 동사 시제가 과거일 때 종속절의 미래 대신 조건법 현재를 쓴다.

Je ne savais pas qu'elle **reviendrait** le lendemain.

Elle a dit qu'elle **partirait** pour Paris la semaine suivante.

Il m'a informé que le congrès **aurait** lieu le lendemain.

2. 조건법 과거

■ 형태 : 조동사 avoir/être의 조건법 현재+과거분사

조건법 과거 변화형

	aimer	finir	venir
je[j']	aurais aimé	aurais fini	serais venu(e)
tu	aurais aimé	aurais fini	serais venu(e)
il/elle	aurait aimé	aurait fini	serait venu(e)
nous	aurions aimé	aurions fini	serions venu(e)s
vous	auriez aimé	auriez fini	seriez venu(e)(s)
ils/elles	auraient aimé	auraient fini	seraient venu(e)s

■ 용법

• 과거의 사실에 반대되는 가정 : si 조건절에는 **대과거** 시제가 쓰인다.

S'il **avait** bien **travaillé**, il **aurait réussi** à l'examen.

S'il **avait fait** beau hier, nous **serions sortis** nous promener.

S'il n'**avait** pas **plu**, nous **aurions joué** au tennis.

- 후회, 회한, 질책 등을 표현
  J'**aurais voulu** être un artiste.
  J'**aurais dû** apporter des fleurs.

- 과거 속의 전미래 : 주절의 동사 시제가 과거일 때 종속절의 전미래 대신 조건법 과거를 쓴다.
  Elle m'a dit qu'elle **serait revenue** avant 7 heures.
  Elle a promis qu'elle m'appellerait dès qu'elle **serait arrivée** à Paris.

3. 조건/가정을 나타내는 표현들

- **au cas où + 조건법** : 만약 ~ 한다면, ~의 경우에

  Dites-lui d'attendre un instant **au cas où** Pierre **viendrait**.
  Je prends mon pull **au cas où** j'**aurais** froid.
  Au cas où vous n'**auriez** pas le temps, téléphonez-moi pour me prévenir.

- **à condition de + 부정법** : 만약 ~ 이라면, ~한다는 조건으로
  à condition que + 직설법/접속법 : 만약 ~ 이라면, ~한다는 조건으로

  Il recevra cette somme, **à condition de** partir demain.
  Je ferai ce voyage, **à condition que** vous **viendrez[veniez]** avec moi.
  La paix est possible **à condition que** toutes les troupes étrangères **se retirent**.

- **comme si + 직설법 반과거** : 마치 ~ 인 것처럼 (주절과 동시성)
  comme si + 직설법 대과거 : 마치 ~ 인 것처럼 (주절에 대하여 과거·완료)

  Pourriez-vous m'expliquer les choses **comme si** vous **aviez** devant vous un petit enfant ?
  Elle mange **comme si** elle n'**avait** rien **mangé** depuis 3 jours.

Exercices

1. (　) 안에 주어진 동사를 조건법 현재 형태로 변화시키시오.

(1) je ________________ (chanter)　(2) tu ________________ (se promener)

(3) elle________________ (finir)　(4) nous ________________ (avoir)

(5) on ________________ (voir)　(6) tu ________________ (partir)

(7) je ________________ (pouvoir)　(8) elle ________________ (écrire)

2. (　) 안에 주어진 동사를 조건법 과거 형태로 변화시키시오.

(1) je ______________________________ (aimer)

(2) elle ______________________________ (se promener)

(3) ils ______________________________ (venir)

3. (　) 안의 동사를 알맞은 형태로 변화시켜 문장을 완성하시오.

(1) Si elle n'était pas malade, elle ________________. (sortir)

(2) Je ______________ au cinéma si j'avais le temps. (aller)

(3) Si je ________________ de l'argent, j'achèterais une maison. (avoir)

(4) Si elle avait le temps, elle ________________ vous voir. (venir)

(5) Si tu parlais lentement, je te ______________________. (comprendre)

(6) S'il était allé à Séoul en voiture, il ________________ en retard. (être)

(7) S'il ________________ beau, j'irai à la campagne. (faire)

(8) Si vous ________________ tôt, vous éviterez les embouteillages. (partir)

(9) Au cas où vous ______________, n'hésitez pas à vous renseigner. (hésiter)

(10) J'emporte ma tablette, ça m'aidera à patienter au cas où il y __________ la queue au guichet. (avoir)

4. (　) 안에 주어진 동사를 법과 시제에 맞게 고쳐 문장을 완성하시오.

(1) Elle m'a dit qu'elle __________________ le lendemain. (revenir)

(2) Pierre a dit qu'il __________________ son devoir avant midi. (finir)

(3) Ma fille nous a dit qu'elle __________________ avant 11 heures du soir. (revenir)

(4) Il fera ce voyage à condition qu'elle ________________ avec lui. (venir)

(5) Au cas où il ______________ avant nous, je vais lui laisser un mot. (rentrer)

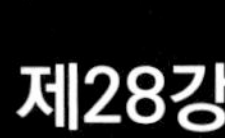

제28강 접속법

1. 접속법 현재

■ 형태 : **직설법 현재형 3인칭 복수 어간+접속법 어미**

• 어간 : 직설법 현재 3인칭 복수에서 어미 -ent를 제외한 나머지 부분

동사원형	직설법 현재 3인칭 복수형	접속법 어간
aimer	ils aiment	**aim-**
finir	ils finissent	**finiss-**
dire	ils disent	**dis-**
partir	ils partent	**part-**

• 접속법 어미

je	**-e**	nous	**-ions**
tu	**-es**	vous	**-iez**
il/elle	**-e**	ils/elles	**-ent**

• 접속법 현재 변화형 예

aimer	finir	dire	partir
que j'aime	que je finisse	que je dise	que je parte
que tu aimes	que tu finisses	que tu dises	que tu partes
qu'il aime	qu'il finisse	qu'il dise	qu'il parte
que nous aimions	que nous finissions	que nous disions	que nous partions
que vous aimiez	que vous finissiez	que vous disiez	que vous partiez
qu'ils aiment	qu'ils finissent	qu'ils disent	qu'ils partent

• 예외적인 변화를 하는 동사들(1) : avoir, être, faire, pouvoir, savoir

	avoir	être	faire	pouvoir	savoir
je[j']	aie	sois	fasse	puisse	sache
tu	aies	sois	fasses	puisses	saches
il/elle	ait	soit	fasse	puisse	sache
nous	ayons	soyons	fassions	puissions	sachions
vous	ayez	soyez	fassiez	puissiez	sachiez
ils/elles	aient	soient	fassent	puissent	sachent

28

• 예외적인 변화를 하는 동사들(2) : aller, vouloir

	aller	vouloir
je[j']	aille	veuille
tu	ailles	veuilles
il/elle	aille	veuille
nous	allions	voulions
vous	alliez	vouliez
ils/elles	aillent	veuillent

* 예외적인 변화를 하는 동사(1)을 제외하고 접속법 1, 2인칭 복수는 직설법 반과거와 같다.

■ 용법

• 주절 동사의 의미가 명령, 희망, 금지, 필요 등을 나타낼 때

défendre 금지하다, désirer 희망하다, ordonner 명령하다, permettre 허락하다, souhaiter 기원하다, vouloir 바라다

Elle désire qu'il **vienne** la voir.
Elle souhaite que je **devienne** peintre.
Je veux que tu **aimes** ce cadeau.

☞ espérer '희망하다'는 que 종속절에 직설법을 사용한다.
J'espère qu'elle **vient** tout de suite.
J'espère que tu **vas** bien.

• 주절에 감정을 나타내는 동사나 표현이 있는 경우

craindre 두려워하다, s'étonner 놀라다, se plaindre 불평하다, regretter 후회하다, être content(e) 만족하다, être désolé(e) 유감스럽다, être dommage 유감이다, être étonné(e) 놀라다, être fâché(e) 화나다, être heureux(se) 기쁘다, être regrettable 유감스럽다, être triste 슬프다

Je crains qu'il ne **pleuve**.

Je suis heureux que vous m'**invitiez**.

C'est dommage que vous ne **soyez** pas libre dimanche.

• 주절에 의혹, 부정의 표현이 있는 경우

douter 의심하다, nier 부정하다

Je doute qu'il **soit** riche.

Il nie qu'il **parte** en voyage demain.

• 주절이 부정문, 의문문일 때

Je ne pense pas qu'elle **fasse** cela.

Il n'est pas évident qu'elle **veuille** se marier maintenant.

Croyez-vous qu'elle **puisse** arriver à l'heure ?

Est-il certain qu'elle **parte** ?

• 주절이 의무, 필요, 가능성, 추측, 판단, 감정 등을 나타내는 비인칭 구문일 때

il faut que ~해야만 하다, il semble que ~인 듯하다, il vaut mieux que ~가 더 낫다, il est bon que ~이 좋다, il est douteux que ~이 의심스럽다, il est nécessaire que ~이 필요하다, il est possible que ~이 가능하다

Il faut que je m'en **aille**.

Il semble qu'elle **ait** peur.

Il vaut mieux que tu **partes** tout de suite.

Il est douteux qu'elle **fasse** son devoir.

Il est nécessaire qu'elle vous **accompagne**.

Il est possible qu'elle **vienne**.

☞ Il est probable qu'elle **viendra**.

☞ il me semble que 표현은 종속절에 직설법을 사용한다.
Il me semble que tu **as** raison.

☞ Il est certain[évident / clair / exact / sûr / vrai] que와 같이 명확하고 확실성을 내포하는 구문에서는 직설법이 사용된다.
Il est certain[évident / clair] qu'elle **partira**.
Il est exact qu'elle **est venue** chez moi.

• 시간, 목적, 조건, 양보, 부정 표현의 상황절에서

afin que / pour que ~하도록, à condition que / pourvu que ~한다면, bien que / quoique ~임에도 불구하고, qui que ~하는 누구라 할지라도, avant que ~하기 전에, jusqu'à ce que ~까지

Je vais lui donner ce roman afin qu'il **puisse** le lire.
Demain, nous partirons en promenade à condition qu'il **fasse** beau.
Elle partira pourvu qu'elle **obtienne** un visa.
Bien qu'il **soit** très tard, je préfère rentrer à pied.
Quoiqu'elle **soit** malade, elle est sortie.
Je ne veux pas être dérangé(e) par qui que ce **soit**.
Prenons ensemble un café, avant que vous ne **partiez**.
Je suis arrivé(e) avant qu'il ne **parte**.
Attendez jusqu'à ce que j'**arrive**.

☞ après que 다음에는 직설법을 쓴다.
Je monterai dans ma chambre après qu'elle **sera** partie.
Elle sera satisfaite après que le médecin l'**aura** rassurée.

• 주절의 선행사가 최상 또는 유일의 개념을 의미할 때

le plus 가장 많이, le moins 제일 적게, l'unique / le seul 유일한, le premier 최초의, le dernier 마지막의, le meilleur 최상의

C'est le train le plus rapide que je **connaisse**.
C'est la seule solution qui nous **paraisse** satisfaisante.
C'est le meilleur conseil que je **puisse** vous donner.

• 독립절에서 명령, 기원, 소망 등을 표현. 이때 que가 앞서 나온다.

Qu'il **vienne** immédiatement !

Que tout le monde **soit** heureux !

☞ que가 생략된 구문. (생략 후 도치)

Vive la République !

Vive l'amour !

2. 접속법 과거

■ 형태 : 조동사 avoir/être의 접속법 현재+과거분사

	faire	tomber	se laver
je[j']	aie fait	sois tombé(e)	me sois lavé(e)
tu	aies fait	sois tombé(e)	te sois lavé(e)
il/elle	ait fait	soit tombé(e)	se soit lavé(e)
nous	ayons fait	soyons tombé(e)s	nous soyons lavé(e)s
vous	ayez fait	soyez tombé(e)(s)	vous soyez lavé(e)(s)
ils/elles	aient fait	soient tombé(e)s	se soient lavé(e)s

■ 용법

• 주절의 사실보다 한 시제 앞선 일을 나타낸다.

C'est dommage qu'il **soit tombé** malade.

Il est dommage que tu **aies manqué** le train.

Je regrette qu'elle **soit partie**.

Nous sommes contents qu'il **ait trouvé** un emploi.

• 제한된 시간과의 관계에서 완료된 사실을 나타낸다.

Il faut que vous **ayez fini** votre travail avant la fin de la semaine.

Je veux que vous **ayez terminé** ce travail avant minuit.

Exercices

1. 다음 동사들을 접속법 현재로 변화시키시오.

(1) que vous ______________ (aimer)　(2) qu'elle ________________ (finir)

(3) que nous ______________ (avoir)　(4) qu'il _________________ (pouvoir)

(5) que vous _____________ (vouloir)　(6) que vous _____________ (venir)

(7) que nous ______________ (devenir)　(8) que vous _____________ (aller)

(9) qu'ils _________________ (savoir)　(10) que vous _____________ (être)

28

2. 다음 동사들을 접속법 과거로 변화시키시오.

(1) que nous __________________________ (sortir)

(2) que tu __________________________ (aller)

(3) qu'elle __________________________ (aimer)

(4) que je __________________________ (finir)

(5) que vous __________________________ (faire)

3. 다음 (　　) 속의 동사를 법과 시제에 맞게 변화시켜 문장을 완성하시오.

(1) Je veux que tu me _________________. (écouter)

(2) Il faut que tu _______________ tout de suite. (partir)

(3) Je veux qu'elle ____________________. (venir)

(4) Elle souhaite que je ___________________ professeur. (devenir)

(5) Il faut que je ________________________. (s'en aller)

(6) Il semble qu'elle ___________________ soif. (avoir)

(7) Croyez-vous qu'elle _______________ arriver à l'heure ? (pouvoir)

(8) Parlez lentement pour que je vous ____________________. (comprendre)

(9) Il est vrai qu'elle ___________ beaucoup de charme. (avoir)

(10) Je ne pense pas qu'il _________________ beaucoup d'argent. (avoir)

(11) Il est certain que cette solution _______________ infiniment meilleure. (être)

(12) J'espère que tu _________________ bien. (aller)

(13) Il me semble que vous _______________ raison. (avoir)

(14) Il est dommage que tu ________________________ l'avion. (manquer)

(15) Il faut que vous ____________________ votre travail avant midi. (finir)

1. 현재분사

■ 형태

1) 단순형

- 어간 : 동사의 직설법 현재 1인칭 복수 변화형에서 어미 -ons를 뺀 부분
- 어미 : 현재분사의 어미는 **-ant**로 고정되어 있다.

원형	직설법 현재 1인칭 복수형	현재분사 어간	현재분사
parler	nous parlons	**parl-**	**parlant**
finir	nous finissons	**finiss-**	**finissant**
prendre	nous prenons	**pren-**	**prenant**
faire	nous faisons	**fais-**	**faisant**

- 특수한 형태를 취하는 것

원형	avoir	être	savoir
현재분사	**ayant**	**étant**	**sachant**

- 동사에서 파생된 형용사는 수식하는 명사의 성·수에 일치하는 반면에 현재분사는 일치하지 않는다. 현재분사는 대개 목적보어나 상황보어를 취한다.

les étrangers **résidant** à Paris (o) / les étrangers résidants à Paris (x)
les montagnes **environnant** le village (o) / les montagnes environnantes le village (x)

- 현재분사와 대응하는 동사파생 형용사(남성·단수)의 철자는 대개 같으나 다른 경우도 있다.

동사원형	현재분사	동사파생 형용사
fatiguer	fati**gu**ant	fati**g**ant
communiquer	communi**qu**ant	communi**c**ant
convaincre	convain**qu**ant	convain**c**ant
précéder	précéd**ant**	précéd**ent**

un travail **fatiguant** le dos (분사)　　une journée **fatigante** (형용사)

2) 완료(복합)형 : **조동사 avoir/être의 현재분사+과거분사**

■ 용법 : 부가어나 속사로 쓰이는 형용사적 용법과 분사구문으로 쓰이는 동사적 용법이 있다.

- 부가적 용법 : <주격 관계대명사 qui+동사>로 바꾸어 쓸 수 있다.
  Il y a beaucoup d'étudiants **apprenant** le français. (= qui apprennent)

- 속사적 용법
  Elle l'a vu **courant** dans la cour.

- 분사구문 : 문장 내에서 시간, 원인, 조건, 양보 등의 의미로 쓰인다.

– 시간(동시성)
  Revenant du marché, elle a rencontré ses enfants.
  Il se promenait songeant à sa petite amie.

– 원인
  Ma sœur, parlant plusieurs langues, travaille comme traductrice à l'UNESCO.

– 조건, 가정
  Travaillant bien, vous réussirez à l'examen.

– 양보, 대립
  Ayant du temps libre, je ne le ferai pas.

- 완료형 분사구문 : 주절의 동사가 나타내는 동작 이전에 완료된 동작을 나타낸다.
  Ayant déjeuné, nous nous sommes promenés.
  Ayant beaucoup travaillé toute la semaine, elle est partie en voyage ce week-end.

- 절대분사구문 : 분사가 주절의 주어와 다른 독자적인 주어를 갖는 구문
  Le beau temps revenant, **nous** pourrons faire une excursion.
  La pluie tombant très fort, **nous** avons dû rentrer.

2. 제롱디프

■ 형태 : en+현재분사

en marchant **en chantant**

■ 용법 : 상황보어로서 시간(동시성), 원인, 수단, 조건, 양보 등의 의미를 표현한다.

- 시간(동시성)
  Il lit le journal en buvant du café.

- 원인(이유)
  En ayant sommeil, elle se couche sur le lit.

- 수단, 방법
  On gagne sa vie en travaillant.

- 조건, 가정
  En parlant le français, tu auras moins de difficultés en France.
  En mangeant moins, vous vous porteriez mieux.

- 양보, 대립
  En chantant gaiement, elle est triste.
  Plus d'un milliard de personnes se couchent chaque soir en ayant faim.

* **현재분사와 제롱디프**

현재분사는 가까운 명사나 대명사와 관계되기 때문에 위치에 따라 의미가 달라진다. 이에 반해 제롱디프는 항상 주절의 주어와 관계되기 때문에 위치가 달라져도 의미가 변하지 않는다.

J'ai rencontré mon ami **allant** à la maison. (현분) 집에 가고 있는 친구를 만남
Allant à la maison, j'ai rencontré mon ami. (현분) 집에 가면서 친구를 만남

J'ai rencontré mon ami **en allant** à la maison. (제롱디프) 집에 가면서
En allant à la maison, j'ai rencontré mon ami. (제롱디프) 집에 가면서

Exercices

1. 다음 동사의 현재분사형을 쓰시오.

(1) être : ____________________　　(2) avoir : ______________________

(3) finir : ___________________　　(4) aimer : ______________________

(5) savoir : _________________

2. ( ) 속에 주어진 형태 중 적합한 것을 고르시오.

(1) les deux dimanches (précédant / précédents) Noël

(2) la loi (intéressant / intéressante) les étrangers résidant en France

(3) C'est un travail (fatiguant / fatigant) le dos.

(4) Je trouve qu'il est vraiment (fatiguant / fatigant).

(5) Son argument n'est pas très (convainquant / convaincant).

3. 다음 밑줄 친 부분을 현재분사로 바꾸시오.

(1) une femme qui aime ses enfants

(2) Il y a beaucoup d'étudiants qui apprennent le chinois.

(3) Elle a réveillé ses enfants qui dormaient profondément.

(4) Les voyageurs qui possèdent un billet doivent se présenter au guichet n° 3.

(5) Nous cherchons un appartement qui a une vue sur la mer.

4. ( ) 속에 주어진 동사를 변화시켜 분사구문을 만드시오.

(1) ____________ par là, vous arriverez à l'heure. (passer)

(2) __________________ encore petit, il parle bien le français. (être)

(3) ____________________, je me suis promené. (déjeuner)

(4) La pluie _______________, je vais sortir. (cesser)

5. ( ) 속에 주어진 동사를 제롱디프로 만들어 문장을 완성하시오.

(1) Apprenez une langue étrangère ______________________. (travailler)

(2) Comment maigrir __________________________________ ? (dormir)

(3) Elle chante toujours ____________________________ sa douche. (prendre)

(4) Je me détends____________________________ du yoga. (faire)

제30강 과거분사

■ 형태

프랑스어의 과거분사는 **-é, -i, -s, -t, -u** 중 어느 하나로 끝난다.

- **-é 형** : 원형이 -er로 끝나는 동사 (**모든 1군동사**, aller)

parler → parlé　　promener → promené
chanter → chanté　　aller → allé

☞ naître → né

- **-i 형** : 어미가 -ir로 끝나는 동사의 대부분 (**모든 2군동사**와 sortir, partir 등)

finir → fini　　choisir → choisi
sortir → sorti　　partir → parti

- **-u 형** : 어미가 -oir인 동사 및 -re인 동사의 대부분, -ir로 끝나는 동사의 일부

recevoir → reçu　　voir → vu
pouvoir → pu　　vouloir → voulu
boire → bu　　venir → venu

- **-s 형**

prendre → pris　　apprendre → appris
asseoir → assis　　mettre → mis

- **-t 형**

dire → dit　　faire → fait
écrire → écrit　　mourir → mort
ouvrir → ouvert　　conduire → conduit

■ 용법

- 현재분사와 동일하게 형용사적 기능과 동사적 기능을 갖는다. 어느 경우에나 관계되는 명사의 성·수에 일치한다.

□ 형용사적 용법

• 부가적 용법
une maison **ruinée**
les livres **écrits** par le même auteur

• 속사적 용법
Je la croyais **morte**.
Je trouve cette histoire **embrouillée**.

□ 동사적 용법

• 조동사와 함께 복합시제(복합과거, 대과거, 전미래 등)와 수동태를 만든다.
J'ai commencé à apprendre le français. [복합시제]
Il est aimé de tout le monde. [수동태]

• 문장 내에서 시간, 원인(이유), 양보, 조건 등을 나타내는 분사 구문으로 쓰인다. 일반적으로 자동사의 과거분사는 완료의 의미, 타동사의 과거분사는 수동의 의미를 지닌다. 과거분사에 의한 분사절은 그 앞에 **étant**이 생략된 것으로 볼 수 있다.

– 때, 시간
Arrivé à la maison, il a commencé à travailler. (= Dès qu'il était arrivé à la maison)

– 원인(이유)
Aimée de tout le monde, elle est heureuse. (= Comme elle est aimée de tout le monde)

– 조건
Habillée de blanc, elle sera plus belle. (= Si elle est habillée de blanc)

– 양보, 대립
Blessé gravement, il ne se rend pas. (= Bien qu'il soit blessé gravement)

• 절대분사구문

La nuit tombée, **elle** s'est dépêchée de rentrer chez elle.

La paix conclue, **on** reprendra la vie quotidienne.

■ 과거분사 일치

• 왕래발착을 나타내는 동사의 복합 시제에서는 과거분사가 주어의 성·수에 일치한다.

Elle est arrivé**e**.

Ils sont venu**s**.

Elles sont venu**es**.

• 직접목적보어가 동사보다 선행할 경우에 과거분사는 직접목적보어의 성·수에 일치한다.

Il a présenté Mme Vincent à Paul. → Il **l**'a présenté**e** à Paul.

J'ai fait quelques propositions et la direction **les** a accepté**es**.

Il porte la veste qu'il a acheté**e** hier.

Les femmes que Pierre a invité**es** à dîner étaient journalistes.

Quels livres avez-vous lu**s** ?

Elle se demandait combien d'occasions elle avait ainsi manqué**es**.

• 대명동사의 경우 과거분사는 대명동사 보어의 성·수에 일치한다.

Elle **s**'est regardé**e** dans la glace.

Elle **s**'est lavé**e**.

Elle **s**'en est allé**e** sans rien dire.

Ils **se** sont rencontré**s**.

La maison **s**'est abîmé**e**.

☞ 대명동사가 직접목적보어를 취하거나 보어대명사 se가 간접목적보어의 기능을 하는 경우에는 일치하지 않는다.

Elle s'est lavé **les mains**. [les mains : 직접목적보어]

Jean et Paul se sont parlé. [se : 간접목적보어]

Les années se sont ainsi succédé.

Exercices

1. 다음 동사들의 과거 분사형을 쓰시오.

(1) faire : ______________________ (2) savoir : ______________________

(3) sortir : ______________________ (4) aller : ______________________

(5) finir : ______________________ (6) dire : ______________________

(7) avoir : ______________________ (8) être : ______________________

(9) naître : ______________________ (10) venir : ______________________

2. 다음 밑줄 친 과거 분사를 올바른 형태로 고치시오.

(1) Elles sont allé à l'école.

(2) Elle s'est réveillé à 8 heures.

(3) Mes parents sont mort pendant la guerre.

(4) Ils sont arrivé à la gare.

(5) Je connais la dame que vous avez rencontré hier.

(6) Quels romans avez-vous lu ?

(7) Elle porte la robe qu'elle a acheté hier.

3. 다음 문장을 복합과거 시제로 만드시오.

(1) Nous partons en voyage.

→ ______________________________________

(2) Ils se lèvent de très bonne heure.

→ ______________________________________

(3) Elle se lave les cheveux.

→ ______________________________________

4. 밑줄 친 부분을 대명사로 고쳐 다시 쓰시오.

(1) Elle a présenté Mme Corbin à Pierre.

→ ______________________________________

(2) Il a donné les clés à Paul.

→ ______________________________________

제31강 부정법

부정법(infinitif)은 인칭·수·시제의 표시가 없는 원형동사를 말한다. 동사의 명사형으로 동사적 기능과 명사적 기능을 동시에 갖는다.

■ 형태

□ 단순형(부정법 현재) : **동사원형**

aimer **partir**

□ 복합형(부정법 과거) : avoir/être의 **동사원형+과거분사**

avoir aimé **être parti(e)(s)**

• 부정법 자체에는 시제의 표시가 없으나 문장 내에서는 주절의 동사가 나타내는 시제에 따라 변한다.

– 단순형은 주동사의 동작이나 상태와 동시성을 나타낸다.

Elle croit **réussir**. = Elle croit qu'elle réussit.

Elle croira **réussir**. = Elle croira qu'elle réussira.

– 완료형은 주동사의 동작이나 상태보다 이전에 완료된 사실을 말한다.

Elle croit **avoir réussi**. = Elle croit qu'elle a réussi.

Elle a cru **avoir réussi**. = Elle a cru qu'elle avait réussi.

Il croit **avoir vu** ce film. = Il croit qu'il a vu ce film.

□ 부정법의 부정 : 동사원형 앞에 ne pas, ne plus 등을 함께 붙여 만든다.

Ne pas chanter.

Ne pas dormir tout de suite après les repas.

Je suis sorti pour **ne pas** déranger les élèves.

Veuillez **ne plus** fumer dans le salon.

■ 용법

□ 명사적 용법

주어, 속사, 목적보어, 상황보어, 명사(대명사)의 보어, 형용사의 보어 등으로 쓰인다.

• 주어

Chanter est avant tout un plaisir.
Vivre est devenu difficile.

☞ 문어체 표현에서는 부정법을 그대로 주어로 쓰지만, 구어체 표현에서는 이 부정법을 보통 중성대명사 ce로 다시 받는다.

Voir, c'est croire.
Chanter, c'est bon pour la santé.

• 속사

Frapper n'est pas **aimer**.
Vouloir tard, ce n'est pas **vouloir**.

• 목적보어

J'aime **me promener**.
Nous espérons **partir** demain.

Elle a décidé **d'apprendre** le chinois.
J'ai oublié **de fermer** la porte.
Il m'a demandé **de venir** chez lui.

Elle continue **à[de] travailler**.
Ma fille apprend **à nager**.
Le maître apprend **à lire** aux élèves.

☞ 직접목적보어로 쓰인 부정법을 대명사로 받을 때는, 전치사의 유무에 관계없이 중성대명사 le로 받는다.

Je veux chanter. → Je **le** veux.
Ellc a promis de voyager avec moi cet été. → Elle **l'**a promis.

- 상황보어

  Je sors **me promener**.

  Il envoie son fils **acheter** le journal.

- 명사의 보어

  J'ai une maison à **vendre**.

  Il est l'heure de **partir**.

- 형용사의 보어

  Je suis heureux de vous **voir**.

  Elle est prête à **sortir**.

□ 동사적 용법

- <의문사+부정법> : 주저, 망설임 등을 나타낸다.

  Que faire ?

  Où aller ?

  Que choisir ?

  Que manger pendant les examens ?

- 놀라움, 노여움, 소원 등을 나타낸다.

  Moi pleurer !

  Ah ! Vivre à la campagne !

- 명령, 금지, 충고 등을 나타낸다.

  Ne pas fumer !

  Ralentir !

■ 지각동사와 사역동사 구문

□ 지각동사 : voir, regarder, entendre, écouter

□ 사역동사 : faire, laisser

• 부정법의 주어(동작주보어)만 있을 때 :

– <동사+부정법+동작주보어> 구문과 <동사+동작주보어+부정법> 구문이 모두 가능하다.

J'entends **chanter** Sophie. = J'entends Sophie **chanter**.

Il laisse **partir** sa sœur. = Il laisse sa sœur **partir**.

– faire의 경우에는 <faire+부정법+동작주보어> 구문만 가능하다.

Il **fait partir** son ami. (○)

Il fait son ami partir. (×)

• 부정법의 주어와 직접목적보어가 있을 때 :

– <동사+동작주보어+부정법+목적보어> 구문과 <동사+부정법+목적보어+à[par]+동작주보어> 구문이 모두 가능하다.

Nous avons entendu Sophie **jouer** ce morceau.

= Nous avons entendu **jouer** ce morceau à[par] Sophie.

J'ai laissé ces jardiniers **planter** les choux.

= J'ai laissé **planter** les choux à[par] ces jardiniers.

– faire의 경우에는 동작주보어가 뒤에 위치하는 구문만 허용된다.

Elle **fait construire** une maison **à[par]** un architecte. (○)

Elle fait un architecte construire une maison. (×)

– 부정법의 간접목적보어 <à+명사>가 있는 경우에는 혼동을 피하기 위해서 <par+동작주보어>를 쓴다.

J'ai vu raconter cette histoire **à** mon frère **par** mon père.

Elle fait apprendre l'anglais **à** ses enfants **par** un professeur particulier.

□ 지각동사와 사역동사 구문에서 대명사화와 과거분사의 일치

• 부정법의 주어를 대명사화할 경우

J'entends chanter Sophie. → Je **l'**entends chanter.

Il laisse partir sa sœur. → Il **la** laisse partir.

Il fait partir son ami. → Il **le** fait partir.

• 부정법의 목적보어를 대명사화할 경우

Nous entendons jouer ce morceau par Sophie.

→ Nous **l'**entendons jouer par Sophie.

Je fais prendre le train à[par] mon ami.

→ Je **le** fais prendre à[par] mon ami.

• 주동사가 복합시제일 때 과거분사의 일치문제

- 지각동사 구문에서 주동사 앞에 놓이는 보어인칭대명사가 부정법의 주어이면 인칭대명사의 성·수와 일치하고, 목적보어이면 일치하지 않는다.

Elle a vu ces acteurs jouer cette pièce.

→ Elle les a **vus** jouer cette pièce.

Elle a vu jouer cette pièce par ces acteurs.

→ Elle l'a **vu** jouer par ces acteurs.

- laisser의 경우, 주동사 앞에 놓이는 보어인칭대명사가 부정법의 주어이면 인칭대명사의 성·수와 일치해도 되고 일치하지 않아도 된다. 하지만 목적보어이면 일치하지 않는다.

J'ai laissé ma sœur partir. → Je l'ai **laissé(e)** partir.

J'ai laissé planter les choux par ces jardiniers.

→ Je les ai **laissé** planter par ces jardiniers.

- faire는 어떤 경우에도 일치시키지 않는다.

J'ai fait venir ma sœur. → Je l'ai **fait** venir.

J'ai fait écrire cette lettre par ma sœur.

→ Je l'ai **fait** écrire par ma sœur.

Exercices

1. 밑줄 친 곳에 알맞은 전치사를 넣으시오. 필요 없을 때는 × 표시를 하시오.

(1) Elle aime _______ voyager.

(2) Nous sommes prêts _______ sortir.

(3) Il a une voiture _______ vendre.

(4) Il commence _______ neiger.

(5) Je suis heureux _______ vous voir.

(6) J'ai oublié _______ fermer la porte.

(7) J'espère _______ partir demain.

(8) Pierre m'a demandé _______ venir chez lui.

(9) Il promet à Sophie _______ venir.

(10) Le maître apprend ______ écrire aux élèves.

(11) Elle a décidé _______ apprendre le français.

(12) Elle envoie son fils _______ acheter du pain.

31

2. 밑줄 친 부분을 대명사화하여 문장을 다시 쓰시오.

(1) Je vois <u>Sophie</u> se promener.

→ ____

(2) J'ai laissé <u>ton frère</u> partir.

→ ____

(3) J'ai fait venir <u>ma sœur</u>.

→ ____

(4) Nous avons vu <u>ces acteurs</u> jouer cette pièce.

→ ____

(5) J'ai laissé planter <u>les choux</u> à[par] ces jardiniers.

→ ____

(6) J'ai fait bâtir <u>ma maison</u> à[par] cet architecte.

→ ____

제32강 화법

화법에는 어떤 사람의 말과 생각을 그대로 인용하는 직접화법과 전달하는 사람의 입장에서 말을 바꾸어 그 내용을 전달하는 간접화법이 있다.

Elle dit : "Je suis heureuse." (직접화법)
Elle dit qu'elle est heureuse. (간접화법)

Il m'a demandé : "Vous avez soif ?"
Il m'a demandé si j'avais soif.

■ 직접화법을 간접화법으로 고치기

직접화법을 간접화법으로 고치면, 인칭, 동사의 법·시제, 부사, 접속사 등에서 변화가 일어난다.

□ 인칭의 변화 : 전달하는 사람의 입장에서 인칭이 변화한다.

Elle dit : "**J**'aime le cinéma."
→ Elle dit qu'**elle** aime le cinéma.

Ils me disent : "**Nous** n'avons rien à manger."
→ Ils me disent qu'**ils** n'ont rien à manger.

□ 시제의 변화

• 주절이 현재나 미래일 때 : 인용된 문장의 시제는 불변
Elle dit : "Je **fais** mon devoir."
→ Elle dit qu'elle **fait** son devoir.

• 주절이 과거일 때 :
– 현재 → 반과거
Il **a dit** : "J'**ai** faim."
→ Il **a dit** qu'il **avait** faim.

- 복합과거 → 대과거

Ma fille **a dit** : "**J'ai fait** mes devoirs."
→ Ma fille **a dit** qu'elle **avait fait** ses devoirs.

- 단순미래 → 조건법현재

Elle **a dit** : "Je **partirai** demain."
→ Elle **a dit** qu'elle **partirait** le lendemain.

Ils nous **ont promis** : "Nous **serons** chez vous à 7 heures pile."
→ Ils nous **ont promis** qu'ils **seraient** chez nous à 7 heures pile.

- 전미래 → 조건법과거

Il m'**a dit** : "J'**aurai fini** mon devoir avant votre arrivée."
→ Il m'**a dit** qu'il **aurait fini** son devoir avant mon arrivée.

□ 시간·장소 표현의 변화

aujourd'hui → ce jour-là
demain → le lendemain
hier → la veille
la semaine prochaine → la semaine suivante
le mois dernier → le mois précédent
maintenant → alors / à ce moment-là
ici → là

Il a dit : "Je reviendrai **demain**."
→ Il a dit qu'il reviendrait **le lendemain**.

Il a dit : "Je partirai **la semaine prochaine** à la campagne."
→ Il a dit qu'il partirait **la semaine suivante** à la campagne.

Elle nous a dit : "Ma mère est arrivée chez moi **hier**."
→ Elle nous a dit que sa mère était arrivée chez elle **la veille**.

□ 접속사의 사용

• 직접화법에서 인용된 문장이 평서문일 때 : que로 연결

• 직접화법에서 인용된 문장이 의문문일 때 :

– 의문사가 없는 의문문일 때는 **si**를 사용 : <si+주어+동사>
Elle m'a demandé : "Avez-vous pris du café ?"
→ Elle m'a demandé **si** j'avais pris du café.

– 의문사가 있는 의문문일 때는 그 의문사를 그대로 사용 : <의문사+주어+동사>
Elle me demande : "Où habitez-vous ?"
→ Elle me demande **où** j'habite.

– 의문사 중에서 qu'est-ce qui는 **ce qui**로, qu'est-ce que는 **ce que**로 변화한다.
Elle m'a demandé : "Qu'est-ce qui est arrivé ?"
→ Elle m'a demandé **ce qui** était arrivé.

Il m'a demandé : "Qu'est-ce que vous cherchez ?"
→ Il m'a demandé **ce que** je cherchais.

• 직접화법이 명령법 문장일 때 : <de+동사원형>
Il me dit : "Partez tout de suite."
→ Il me dit **de partir** tout de suite.

Je lui ai dit : "Ne regardez pas la télévision."
→ Je lui ai dit **de ne pas regarder** la télévision.

Elle m'a conseillé : "Ne perds pas ton temps avec lui."
→ Elle m'a conseillé **de ne pas perdre** mon temps avec lui.

Exercices

1. 다음 문장을 간접화법으로 고치시오.

(1) Elle dit : "Je suis fatiguée."

→ ______________________________

(2) Il a dit : "Ma mère est malade."

→ ______________________________

(3) Il m'a demandé : "Êtes-vous professeur de français ?"

→ ______________________________

(4) Elle m'a demandé : "Qu'est-ce que vous voulez ?"

→ ______________________________

(5) Elle m'a dit : "J'aurai un examen demain."

→ ______________________________

(6) Il a dit : "J'ai passé de bonnes vacances."

→ ______________________________

(7) Elle me dit : "Soyez sage !"

→ ______________________________

(8) Ma femme m'a conseillé : "Arrête de fumer."

→ ______________________________

(9) Il m'a demandé : "Qu'est-ce qui est arrivé ?"

→ ______________________________

(10) Elle lui a dit : "Ne regardez pas la télévision."

→ ______________________________

2. (　　) 안의 동사를 시제에 맞게 고쳐 문장을 완성하시오.

(1) Elle nous a dit qu'elle ________________ le lendemain. (partir)

(2) Il m'a dit qu'il ________________ son amie la veille. (rencontrer)

(3) Il a dit qu'il ________________ avant le dîner. (revenir)

(4) Elle m'a demandé si je ________________ mon travail. (finir déjà)

(5) Il m'a demandé où je ________________ la veille. (aller)

32

제33강 직설법 과거 (3) : 단순과거와 전과거

1. 단순과거

■ 형태 : 단순과거의 어미

	제1군 동사	제2군 동사	불규칙 동사		
je	**-ai**	**-is**	**-is**	**-us**	**-ins**
tu	**-as**	**-is**	**-is**	**-us**	**-ins**
il/elle	**-a**	**-it**	**-it**	**-ut**	**-int**
nous	**-âmes**	**-îmes**	**-îmes**	**-ûmes**	**-înmes**
vous	**-âtes**	**-îtes**	**-îtes**	**-ûtes**	**-întes**
ils/elles	**-èrent**	**-irent**	**-irent**	**-urent**	**-inrent**

• 규칙 동사

	제1군 동사	제2군 동사
je	parlai	finis
tu	parlas	finis
il/elle	parla	finit
nous	parlâmes	finîmes
vous	parlâtes	finîtes
ils/elles	parlèrent	finirent

• 주요 불규칙 동사

	être	avoir	faire	dire
je	fus	eus	fis	dis
tu	fus	eus	fis	dis
il/elle	fut	eut	fit	dit
nous	fûmes	eûmes	fîmes	dîmes
vous	fûtes	eûtes	fîtes	dîtes
ils/elles	furent	eurent	firent	dirent

	venir	naître	mourir
je	vins	naquis	mourus
tu	vins	naquis	mourus
il/elle	vint	naquit	mourut
nous	vînmes	naquîmes	mourûmes
vous	vîntes	naquîtes	mourûtes
ils/elles	vinrent	naquirent	moururent

■ 용법

- 단순과거는 과거의 어느 때에 완료된 사건을 나타내며, 현재와는 전혀 관련이 없는 과거 사실을 표현한다. 일상회화에서는 사용되지 않으며 주로 역사책이나 소설 등에서 쓰인다.

  Napoléon Bonaparte **naquit** en Corse en 1769.

  Louis XIV **mourut** en 1715.

  Enfin la nuit **tomba**.

  À sept heures, elle **se leva** et **alla** chez son ami.

  Au commencement, Dieu **créa** les cieux et la terre.

33

2. 전과거

■ 형태 : 조동사 avoir/être의 단순과거+과거분사

	prendre	sortir
je[j']	eus pris	fus sorti(e)
tu	eus pris	fus sorti(e)
il/elle	eut pris	fut sorti(e)
nous	eûmes pris	fûmes sorti(e)s
vous	eûtes pris	fûtes sorti(e)(s)
ils/elles	eurent pris	furent sorti(e)s

■ 용법

- 문어체에서만 쓰인다. 주로 시간을 나타내는 종속접속사 quand, aussitôt que, dès que, à peine ~ que 등과 함께 종속절에 쓰이며, 주절의 단순과거보다 한 시제 앞선 과거의 사건을 나타낸다.

  Quand il **eut pris** le dîner, il sortit.

  Dès qu'elle **eut fini** son devoir, elle se coucha.

  Aussiôt qu'il **fut parti**, l'autre arriva.

  À peine **fut**-elle **sortie** qu'il entra.

☞ à peine가 앞에 오면 주어와 동사가 도치된다.

- 독립절에서 과거의 어느 시점에서 행위가 신속하게 이루어진 것을 나타낸다. 일반적으로 bientôt, vite, en un instant, en un moment 등과 같은 부사(구)가 함께 쓰인다.

  Il **eut** vite **fait** cela.

  En un instant, elle **fut partie**.

  Il **eut** vite **pris** sa décision.

  Le chien **eut avalé** en un instant un morceau de viande.

Exercices

1. 다음 ( ) 속의 동사를 단순과거로 변화시키시오.

(1) tu ______________ (aimer)
(2) elle ____________ (finir)
(3) elle _____________ (être)
(4) nous ___________ (avoir)
(5) vous ____________ (dire)
(6) il ______________ (naître)
(7) elle _____________ (mourir)
(8) elles ____________ (venir)
(9) il _______________ (avoir)
(10) vous ____________ (être)

2. 다음 ( ) 안에 제시된 동사를 전과거로 만드시오.

(1) elle __________________________________ (prendre)
(2) il __________________________________ (venir)
(3) elles __________________________________ (sortir)
(4) nous __________________________________ (parler)
(5) tu __________________________________ (finir)
(6) il __________________________________ (arriver)
(7) vous __________________________________ (manger)
(8) elles __________________________________ (partir)

33

3. 다음 ( ) 안에 제시된 동사를 적절한 시제 형태로 변화시키시오.

(1) Quand elle _____________________________ le dîner, elle sortit. (prendre)
(2) Aussiôt qu'il fut parti, sa mère __________________. (arriver)
(3) Dès qu'elle ____________________ son devoir, elle sortit. (finir)
(4) À peine fut-il sorti qu'elle ____________________. (entrer)
(5) Dès qu'ils _______________________, ils partirent. (déjeuner)
(6) À peine eut-elle écrit sa lettre, elle ________________. (sortir)

제34강 문장의 기본 구조

1. 문장의 요소

문장의 요소에는 주어, 동사, 속사, 동사의 보어 등이 있다. 속사에는 주어 속사와 목적어 속사가 있고, 동사의 보어에는 목적보어, 동작주보어와 상황보어가 있다. 목적보어는 직접목적어와 간접목적어로 나뉘는데, 직접목적보어를 취하는 동사를 직접타동사라 하고 간접목적보어를 취하는 동사를 간접타동사라 한다.

1) 주어 (Sujet)

- 동사의 동작을 행하는 사람이나 사물을 주어라 한다. 명사, 대명사, 부정법 등이 주어가 될 수 있다.
  Les oiseaux chantent.
  Elle s'est regardée dans la glace.
  Aimer est plus fort que d'être aimé.

- 주어는 동사 앞에 놓이나 의문문이나 감탄문 등에서는 동사 뒤에 놓이기도 한다.
  Quel est **votre numéro de téléphone** ?
  Vive **la République** !

- 명령문에서는 주어가 생략된다.
  Ne regardez pas la télé !
  Dépêchez-vous !
  Allez trouver du boulot après avoir pris un bain !

2) 동사 (Verbe)

- 동사는 주어의 동작이나 상태를 나타낸다.
  Elle **regarde** la télévision.
  Je **suis** fatigué(e).

3) 속사 (Attribut)

- 주어나 목적보어의 속성이나 상태를 나타낸다. 명사, 형용사, 부정법, 분사 등이 속사로 쓰인다.

□ 주어 속사

Nous sommes **Coréens**.

Vous êtes **charmante**.

Aimer, ce n'est pas **se regarder** l'un l'autre.

□ 목적보어 속사

Le ministre l'a nommé **chef de son cabinet**.

Il croit sa femme **heureuse**.

4) 동사의 보어 (Complément du verbe)

① 목적보어 (Complément d'objet)

- 주어의 행위를 받는 사람이나 사물을 가리킨다. 명사, 대명사, 부정법, 종속절 등이 목적보어가 될 수 있다.

Nous apprenons **la langue française**.

Je **l'**aime beaucoup.

Ma femme adore **voyager**.

J'espère **que tu vas bien**.

□ 직접목적보어

Elle aime **le cinéma**.

Je lis **le journal** dans le métro, le matin.

□ 간접목적보어

On doit **obéir aux lois**.

Les voyageurs **changent de train** à Paris.

② 동작주보어 (Complément d'agent)

- 수동태에서 동작의 주체를 나타낸다. 전치사 par나 de로 유도된다.

Je suis invité **par Pierre**.

Ce professeur est respecté **de tous les étudiants**.

③ 상황보어 (Complément circonstanciel)

- 주어의 행위가 이루어지는 상황을 나타낸다. 시간, 장소, 이유, 목적, 수단, 조건, 방법 등 여러 개념을 나타낸다. 상황보어로는 주로 부사가 쓰이나 명사, 부정법, 분사 등도

쓰일 수 있다. 대개 전치사의 중개로 도입된다.

Les voyageurs se promènent **lentement au bord de la mer**.

Elle viendra **la semaine prochaine**.

Nous prenons le petit déjeuner **à sept heures**.

On doit bien travailler **pour réussir**.

Elle s'est blessée **en tombant**.

2. 기본 문형

문형은 문장의 기본 요소인 주어, 동사, 속사, 직접목적보어, 간접목적보어를 일정한 순서에 따라 배열한 것이다. 상황보어와 동작주보어는 문장의 기본 요소로 쓰이지 않는다. 프랑스어 문형을 다음과 같은 몇 가지 형식으로 나누어 볼 수 있다.

1) **주어+동사** 형식

Le soleil brille.

Il habite dans un appartement.

Je me lève à 7 heures et demie.

Elle est repartie pour la France.

2) **주어+동사+속사** 형식

■ 주어와 속사를 연결하는 주요 동사들

être ~이다, devenir ~이 되다, sembler ~처럼 보이다, s'appeler ~라고 불리다, se nommer ~라 불리다, passer pour ~라고 인정되다

Paris est la capitale de la France.

Elle est devenue célèbre.

Elle s'appelle Agnès.

Ma femme semble heureuse.

Il se nomme Morice.

Il passe pour riche.

• 속사 뒤에 전치사 à나 de를 사용하여 문장을 확장할 수 있다.

Je suis content de vous voir.

Ce problème est difficile[facile] à résoudre.

3) **주어+동사+목적보어** 형식

① **주어+동사+직접목적보어**

Elle adore le cinéma.
Il bois de la bière.
On lit le jounal dans le train.
Nous cherchons un appartement plus grand.

- 부정법이 직접목적보어로 사용될 때는 주동사의 성격에 따라 전치사 없이 쓰이기도 하고, à나 de와 같은 전치사를 동반할 수도 있다.
  Ma fille aime dessiner.
  Elle adore faire la sieste.
  Elle apprend à faire du vélo.
  Elle a cessé d'écrire.
  Il a arrêté de boire de l'alcool.

- 직접목적보어를 취하면서 전치사를 매개로 부정법을 도입하여 문장을 확대할 수 있다.
  Ma femme passe beaucoup de temps à regarder la télé.
  Sa mère l'a obligé à travailler.
  Vous empêchez tout le monde de travailler.

② **주어+동사+전치사+간접목적보어**

■ 전치사 **à**와 결합하는 주요 동사들

consentir à ~에 동의하다, croire à ~을 믿다, manquer à 저버리다/지키지 않다, obéir à ~에 복종하다, parler à ~에게 말하다, penser à ~에 대해 생각하다, plaire à ~의 마음에 들다, répondre à ~에게 대답하다, réussir à ~에 성공하다, ressembler à ~을 닮다, servir à ~에 소용되다

Leurs parents ont consenti à leur mariage.
Elle a manqué à sa parole.
On doit obéir aux lois.
À qui pensez-vous ?
À quoi pensez-vous ?
Il a réussi à son examen.

34

■ 전치사 **de**와 결합하는 주요 동사들

s'apercevoir de 알아차리다, changer de ~을 바꾸다, dépendre de ~에 달려 있다, douter de 의심하다, manquer de ~이 없다, parler de ~에 관해서 말하다

Nous nous apercevons souvent trop tard de nos erreurs.
Le choix dépend de vous.
Sa famille ne manque de rien.
De qui parlez-vous ?
De quoi parlez-vous ?

■ 기타 전치사를 취하는 동사

compter sur 믿다/기대하다, veiller sur 돌보다/감시하다

Je compte sur toi.
Je compte sur votre participation.
La baby-sitter veille sur le bébé.

4) **주어＋동사＋직접목적보어＋간접목적보어** 형식

- 직접목적보어와 간접목적보어의 순서는 서로 뒤바뀔 수도 있다.
- 수여동사의 범주에 속하는 동사들이 이 형식을 취한다.

acheter 사다, accorder 허락하다/~을 주다, apprendre 가르치다, donner 주다, emprunter 빌리다, envoyer 보내다, offrir 주다, présenter 소개하다, prêter 빌려주다, promettre 약속하다, proposer 제안하다, raconter 이야기하다

Pouvez-vous m'accorder quelques minutes ?
Le maître apprend la grammaire aux élèves.
Mon mari m'a offert une bague.
Il présente sa femme à Pierre.
Il m'a promis son aide.
On lui a proposé de l'argent contre son silence.
Le français a emprunté des mots à de nombreuses langues.

• 전치사를 매개로한 부정법이 직접목적보어로 쓰일 수 있다.

Le maître apprend à compter aux élèves.
Elle m'a demandé de venir chez elle.
Elle défend à ses invités de fumer dans le salon.

5) **주어+동사+목적보어+목적보어속사** 형식

① **주어+동사+직접목적보어+속사**

■ 목적보어와 함께 속사를 동반하는 주요 동사들

appeler 부르다, croire 믿다, déclarer 표명하다, élire 선출하다, laisser ~인 채로 그대로 두다, nommer 명명하다, rendre ~하게 만들다, trouver ~라고 생각하다

Je trouve ce film très intéressant.
Les électeurs l'ont élu président.
Laissez-la tranquille.
Il déclare la loi interdisant le mariage homosexuel anticonstitutionnelle.

② **주어+동사+직접목적보어+전치사+속사**

■ 전치사를 매개로 목적보어의 속사를 동반하는 주요 동사들

choisir comme 선출하다, considérer comme 여기다/간주하다, prendre pour 간주하다, traiter de ~로 취급하다

On l'a choisi comme partenaire.
C'est un ami, mais je le considère comme mon frère.
Je t'ai pris pour ton frère.
Elle a traité son patron d'imbécile.

제1강

1. (1) suis (2) est (3) es (4) suis (5) êtes (6) est (7) sont (8) est (9) sommes
2. (1) J'ai (2) ont (3) avez (4) a (5) avons (6) a (7) avons (8) avez (9) as
3. (1) suis (2) avez (3) es (4) a (5) avez (6) ont (7) êtes (8) as

제2강

1.

남성명사	여성명사
garçon, frère, père, chien, chat, musée, ami, homme, gouvernement, voyageur, héros, cadet, boulanger, acteur	fille, sœur, mère, chambre, connaissance, étrangère, chanteuse, épouse, veuve, hôtesse

2. (1) étudiante (2) maîtresse (3) amie (4) lycéenne (5) chanteuse (6) princesse (7) veuve (8) acteur (9) étranger (10) Coréen (11) boulangère (12) directrice
3. (1) 책 (2) 탑 (3) 방식 (4) 소매 (5) 유행 (6) 논문

제3강

1. (1) cous (2) pays (3) cheveux (4) animaux (5) bijoux (6) mesdemoiselles (7) bals (8) rails (9) messieurs (10) pneus
2. (1) étudiants (2) manteaux (3) cheval (4) journaux (5) festivals (6) clous (7) yeux (8) travail (9) madame (10) animal
3. (1) des beaux-frères (2) des arcs-en-ciel (3) des chèques de voyage (4) des va-et-vient (5) des grands-pères
4. (1) 약혼식 (2) 망원경 (3) 가위 (4) 공석 (5) 문학

제4강

1. (1) un (2) une (3) des (4) un (5) une (6) une (7) des (8) des (9) une (10) un
2. (1) le (2) l' (3) le (4) les (5) l' (6) les (7) les (8) l' (9) l' (10) l' (11) l' (12) la
3. **un** divan, **des** fauteuils, **une** télévision, **un** tapis, **des** rideaux, **une** armoire, **un** vase, **des** fleurs
4. (1) Le football est un sport populaire. (2) La France est un pays d'Europe. (3) Les oranges sont des fruits.

제5강

1. (1) du (2) de l' (3) du (4) de la (5) de l' (6) du (7) de l' (8) de l' (9) de la (10) de la
2. (1) au (2) à l' (3) aux (4) du (5) des
3. (1) L' (2) × (3) Le (4) de l' (5) du (6) le (7) × (8) de la (9) des (10) ×

제6강

1. (1) grande (2) belle (3) joli (4) vieille (5) fou (6) première (7) heureux (8) jalouse (9) travailleuse (10) menteuse (11) neuf (12) ancien (13) grosse (14) pareille (15) ambiguë (16) franche (17) blanche (18) meilleure (19) favorite (20) française
2. (1) petits (2) beaux (3) nouveaux (4) royaux (5) doux (6) heureux (7) bleus (8) finals (9) belles (10) banals
3. (1) noirs (2) heureuse (3) blanches (4) nouvel (5) douce (6) nouvel (7) belle (8) nouvelle (9) belle (10) vieille

제7강

1. (1) parle (2) habitez (3) aime (4) regardons (5) déjeunent
2. (1) achète (2) préfère (3) promène (4) possède (5) J'envoie (6) appelons (7) espère (8) paye[paie] (9) répètes (10) nettoie
3. (1) voyageons (2) mangeons (3) changeons (4) commençons
4. (1) finissez (2) J'obéis (3) choisit (4) grandis (5) finit

제8강

1. (1) va (2) prenez (3) connaît (4) prenons (5) veut (6) venez (7) faisons (8) sait (9) peux (10) dites (11) attendons (12) écrit (13) surprend
2. (1) vais (2) va (3) sait (4) fait (5) fait
3. (1) Ils sont en train de regarder la télé. (2) Je suis en train de lire le journal. (3) Elle est en train de s'éloigner de moi.

제9강

1. (1) me (2) se (3) te (4) nous (5) vous (6) se (7) nous (8) s'
2. (1) me couche (2) s'en va (3) nous réveillons (4) se parle (5) se promènent (6) se regardent (7) se lave (8) vous appelez
3. (1) va (2) vient d' (3) devez (4) voulons (5) fait (6) peux
4. (1) pleut (2) fait (3) est (4) faut (5) s'agit (6) neige

제10강

1. (1) ce (2) cette (3) ce (4) cette (5) cet (6) cet (7) ces (8) ces
2. (1) Cet (2) ce (3) ces (4) ces, ces
3. (1) quel (2) Quelle (3) Quel (4) Quel (5) Quelle (6) Quelles (7) Quels (8) quel
4. (1) nos (2) son (3) ma (4) leurs (5) sa (6) notre (7) son (8) ma

제11강

1. (1) soixante et un (2) soixante-dix-neuf (3) deux cent cinq (4) trois cents (5) mille neuf cent quatre-vingt-dix-neuf (6) cent mille (7) deux mille douze (8) un million (9) zéro un, vingt-trois, trente-cinq, soixante-seize, quatre-vingt-un (10) zéro six, quarante-six, quatre-vingt-dix-huit,

trente-deux, soixante-quinze

2. (1) deuxième/second(e) (2) cinquième (3) dix-neuvième (4) quatre-vingtième (5) centième
3. (1) deux cinquièmes (2) un quart (3) un tiers (4) cinq neuvièmes
4. (1) Napoléon trois (2) François premier (3) le premier août (4) le vingt-cinq décembre

제12강

1. (1) Aucun (2) même (3) certain (4) aucune (5) autre (6) plusieurs/quelques (7) quelque (8) chaque (9) quelques/plusieurs (10) Tel, tel (11) même (12) certain (13) mêmes (14) autres (15) Chaque
2. (1) Tous (2) tout (3) tous (4) tous (5) tout (6) tout (7) toute (8) Tout (9)−(10) tous, Toutes

제13강

1. (1) heureusement (2) vraiment (3) énormément (4) gentiment (5) prudemment
2. (1) Pourquoi (2) Quand (3) Où (4) Combien (5) Où (6) Combien (7) quand
3. (1) tout (2) toute (3) toute (4) tout (5) tout
4. (1) rapidement (2) doucement (3) sérieusement (4) violemment (5) poliment (6) fréquemment (7) patiemment

제14강

1. (1) en (2) en (3) À (4) au (5) dans (6) depuis (7) Depuis (8)−(9) Au, en (10) avant (11) aux (12) en (13) à (14) en (15) sous
2. (1) à (2) en
3. (1) entre (2) derrière (3) devant

제15강

1. (1) Je ne fume pas. (2) Elle n'est pas triste. (3) Il ne pleut pas. (4) Elle n'aime pas le sport. (5) Il n'a pas d'amis. (6) Nous ne sommes pas Japonais. (7) Ce n'est pas un cahier. (8) Elle n'a ni fils ni fille.
2. (1) Êtes-vous en forme ? (2) La fenêtre est-elle fermée ? (3) Votre sœur habite-t-elle à la campagne ? (4) Aimez-vous la chanson ? (5) N'aimes-tu pas le cinéma ? (6) Paul a-t-il une voiture ? (7) Parle-t-il français ? (8) Y a-t-il du monde dans la salle ?
3. (1) Quand partez-vous pour Paris ? (2) Où est la boulangerie ? (3) Comment trouvez-vous ce chapeau ?
4. (1) je ne prends pas d'eau. (2) j'aime la musique.

제16강

1. (1) Elle a préparé un bon repas. (2) J'ai payé l'addition. (3) Nous avons dîné au restaurant. (4) Elle est montée en haut de la tour. (5) Vous avez bien dormi. (6) Ils ont fini leurs devoirs. (7) Elle est arrivée à l'heure. (8) Nous sommes allé(e)s au cinéma. (9) Tu es rentré(e) comment ? (10) Nous avons vu un bon film.

2. (1) Nous nous sommes reposé(e)s. (2) Elle s'est dépêchée. (3) Elle s'est lavé les mains. (4) Elle est passée à la poste. (5) Elle a passé une bonne journée.
3. (1) Il vient de sortir. (2) Je viens d'arriver à Paris. (3) Elle vient de terminer son travail. (4) Nous venons de prendre le petit déjeuner. (5) Ils viennent de fêter leurs 5 ans de mariage.
4. (1) il a dîné au restaurant, hier soir. (2) je suis parti en vacances, l'année dernière.

제17강

1. (1) va (2) va (3) allons (4) va (5) va (6) vais
2. (1) prendra (2) J'habiterai (3) aurez (4) neigera (5) pleuvra (6) serai, serai (7) iront (8) passerez (9) voyagerons (10) aura
3. (1) aurez fini (2) vivrai (3) neigera (4) prendrai (5) aura dîné (6) aurez terminé (7) aura supprimé (8) va (9) va (10) va

제18강

1. (1) Je travaillais beaucoup. (2) Il parlait à haute voix. (3) Nous buvions du vin. (4) Ils étaient tristes. (5) Je jouais au tennis. (6) Il faisait beau. (7) Elle avait de la chance. (8) Tu avais beaucoup de temps. (9) Nous étudiions tous les jours. (10) Elles se levaient de bonne heure.
2. (1) n'avait lu (2) j'ai achevé (3) j'avais connu (4) ouvrait (5) aviez déjà terminé (6) avait déjà fini (7) j'avais acheté (8) était/avait été (9) j'avais fini (10) était déjà passé (11) revenait (12) pleut (13) avait fait

제19강

1. (1) moi (2) Lui (3) Moi (4) elle (5) eux
2. (1) la (2) les (3) lui (4) leur (5) lui
3. (1) l' (2) la (3) le (4) leur (5) leur (6) lui (7) me, les (8) les, lui (9) vous, les (10) la, lui

제20강

1. (1) Qui (2) Que (3) qui (4) qui (5) Qu'est-ce qui (6) quoi (7) Qu'est-ce qui (8) Que (9) Qui/Qui est-ce qui (10) Que (11) Qui/Qui est-ce qui (12) Qu'est-ce que
2. (1) Lequel (2) laquelle (3) Lequel (4) Lequel (5) Lequel (6) Laquelle (7) laquelle (8) auquel (9) lesquelles (10) À laquelle

부록

제21강

1. (1) C' (2) C' (3) ça/cela (4) celui (5) celui (6) celui (7) celle (8) Celui (9) Celle (10) celle (11) celle-là (12) ce
2. (1) le mien (2) les siens (3) la mienne (4) la mienne (5) les miennes (6) la vôtre (7) les leurs (8) le sien (9) le sien (10) le mien

제22강

1. (1) elle l'est. (2) je le suis. (3) tu le peux.

2. (1) j'en reviens. (2) elle en est contente. (3) j'en veux.
3. (1) j'y vais. (2) elle y arrive cet après-midi. (3) j'y pense. (4) elle n'y songe pas.
4. (1) le (2) le (3) j'en (4) le (5) je n'en mange pas. (6) ils n'en parlent pas. (7) j'y vais souvent.

제23강

1. (1) quelque chose (2) quelque chose (3) Personne (4) rien (5) N'importe qui (6) rien (7) n'importe quoi (8) quelque chose (9) Plusieurs (10) plusieurs
2. (1) Aucune (2) quelqu'un (3) toutes (4) tous (5) Chacun (6) Certains (7) tout (8) autres (9) Tous (10) l'un à l'autre

제24강

1. (1) qui (2) que (3) qui (4) que (5) qui
2. (1) ce que (2) ce qui (3) ce que (4) Ce qu' (5) ce qui
3. (1) où (2) où (3) dont (4) dont (5) où
4. (1) lequel (2) laquelle (3) auquel (4) lequel (5) laquelle (6) duquel

제25강

1. (1) plus (2) moins (3) moins (4) plus (5) plus (6) plus de (7) plus (8) moins (9) moins (10) moins de
2. (1) mieux (2) meilleur (3) pire (4) meilleure (5) pire
3. (1) le plus (2) le mieux (3) le moins (4) la meilleure (5) le plus d' (6) la plus (7) le mieux (8) la pire (9) le moindre (10) la plus

제26강

1. (1) Ses amis sont invités par mon père. (2) Les salles ont été repeintes. (3) Les moquettes ont été changées. (4) Le compact disc a été inventé par Philips. (5) "Le Petit Prince" a été écrit par Saint-Exupéry.
2. (1) regardez (2) Finis (3) Veuillez (4) Va (5) fumons (6) Ayez (7) Sois
3. (1) Comme il fait chaud ! (2) Comme je suis heureux ! (3) Que le temps passe vite ! (4) Combien il fait beau ! (5) Quel beau temps !
4. (1) C'est moi qui l'aime. (2) C'est le cinéma qu'elle adore. (3) C'est demain que je pars pour la France. (4) C'est lui qui a compris le plus vite.

제27강

1. (1) chanterais (2) te promènerais (3) finirait (4) aurions (5) verrait (6) partirais (7) pourrais (8) écrirait
2. (1) J'aurais aimé (2) se serait promenée (3) seraient venus
3. (1) sortirait (2) J'irais (3) j'avais (4) viendrait (5) comprendrais (6) aurait été (7) fait (8) partez (9) hésiteriez (10) aurait
4. (1) reviendrait (2) aurait fini (3) serait revenue (4) viendra/vienne (5) rentrerait

제28강

1. (1) aimiez (2) finisse (3) ayons (4) puisse (5) vouliez (6) veniez (7) devenions (8) alliez (9) sachent (10) soyez
2. (1) soyons sorti(e)s (2) sois allé(e) (3) ait aimé (4) j'aie fini (5) ayez fait
3. (1) m'écoutes (2) partes (3) vienne (4) devienne (5) m'en aille (6) ait (7) puisse (8) comprenne (9) a (10) ait (11) est (12) vas (13) avez (14) aies manqué (15) ayez fini

제29강

1. (1) étant (2) ayant (3) finissant (4) aimant (5) sachant
2. (1) précédant (2) intéressant (3) fatiguant (4) fatigant (5) convaincant
3. (1) aimant (2) apprenant (3) dormant (4) possédant (5) ayant
4. (1) Passant (2) Étant (3) Ayant déjeuné (4) cessant
5. (1) en travaillant (2) en dormant (3) en prenant (4) en faisant

제30강

1. (1) fait (2) su (3) sorti (4) allé (5) fini (6) dit (7) eu (8) été (9) né (10) venu
2. (1) allées (2) réveillée (3) morts (4) arrivés (5) rencontrée (6) lus (7) achetée
3. (1) Nous sommes parti(e)s en voyage. (2) Ils se sont levés de très bonne heure. (3) Elle s'est lavé les cheveux.
4. (1) Elle l'a presentée à Pierre. (2) Il les a données à Paul.

제31강

1. (1) × (2) à (3) à (4) à (5) de (6) de (7) × (8) de (9) de (10) à (11) d' (12) ×
2. (1) Je la vois se promener. (2) Je l'ai laissé partir. (3) Je l'ai fait venir. (4) Nous les avons vus jouer cette pièce. (5) Je les ai laissé planter à[par] ces jardiniers. (6) Je l'ai fait bâtir à[par] cet architecte.

제32강

1. (1) Elle dit qu'elle est fatiguée. (2) Il a dit que sa mère était malade. (3) Il m'a demandé si j'étais professeur de français. (4) Elle m'a demandé ce que je voulais. (5) Elle m'a dit qu'elle aurait un examen le lendemain. (6) Il a dit qu'il avait passé de bonnes vacances. (7) Elle me dit d'être sage. (8) Ma femme m'a conseillé d'arrêter de fumer. (9) Il m'a demandé ce qui était arrivé. (10) Elle lui a dit de ne pas regarder la télévision.
2. (1) partirait (2) avait rencontré (3) serait revenu (4) j'avais déjà fini (5) j'étais allé(e)

제33강

1. (1) aimas (2) finit (3) fut (4) eûmes (5) dîtes (6) naquit (7) mourut (8) vinrent (9) eut (10) fûtes
2. (1) eut pris (2) fut venu (3) furent sorties (4) eûmes parlé (5) eus fini (6) fut arrivé (7) eûtes mangé (8) furent parties
3. (1) eut pris (2) arriva (3) eut fini (4) entra (5) eurent déjeuné (6) sortit

동사		직설법현재	반과거	단순미래	조건법현재	접속법현재
	je[j']	suis	étais	serai	serais	sois
ÊTRE	tu	es	étais	seras	serais	sois
	il	est	était	sera	serait	soit
• étant	nous	sommes	étions	serons	serions	soyons
• été	vous	êtes	étiez	serez	seriez	soyez
	ils	sont	étaient	seront	seraient	soient
	j'	ai	avais	aurai	aurais	aie
AVOIR	tu	as	avais	auras	aurais	aies
	il	a	avait	aura	aurait	ait
• ayant	nous	avons	avions	aurons	aurions	ayons
• eu	vous	avez	aviez	aurez	auriez	ayez
	ils	ont	avaient	auront	auraient	aient
	je	parle	parlais	parlerai	parlerais	parle
PARLER	tu	parles	parlais	parleras	parlerais	parles
	il	parle	parlait	parlera	parlerait	parle
• parlant	nous	parlons	parlions	parlerons	parlerions	parlions
• parlé	vous	parlez	parliez	parlerez	parleriez	parliez
	ils	parlent	parlaient	parleront	parleraient	parlent
	j'	achète	achetais	achèterai	achèterais	achète
ACHETER	tu	achètes	achetais	achèteras	achèterais	achètes
	il	achète	achetait	achètera	achèterait	achète
• achetant	nous	achetons	achetions	achèterons	achèterions	achetions
• acheté	vous	achetez	achetiez	achèterez	achèteriez	achetiez
	ils	achètent	achetaient	achèteront	achèteraient	achètent
	j'	appelle	appelais	appellerai	appellerais	appelle
APPELER	tu	appelles	appelais	appelleras	appellerais	appelles
	il	appelle	appelait	appellera	appellerait	appelle
• appelant	nous	appelons	appelions	appellerons	appellerions	appelions
• appelé	vous	appelez	appeliez	appellerez	appelleriez	appeliez
	ils	appellent	appelaient	appelleront	appelleraient	appellent
	je	pai[y]e	payais	pai[y]erai	pai[y]erais	pai[y]e
PAYER	tu	pai[y]es	payais	pai[y]eras	pai[y]erais	pai[y]es
	il	pai[y]e	payait	pai[y]era	pai[y]erait	pai[y]e
• payant	nous	payons	payions	pai[y]erons	pai[y]erions	payions
• payé	vous	payez	payiez	pai[y]erez	pai[y]eriez	payiez
	ils	pai[y]ent	payaient	pai[y]eront	pai[y]eraient	pai[y]ent
	je	me lève	me levais	me lèverai	me lèverais	me lève
SE LEVER	tu	te lèves	te levais	te lèveras	te lèverais	te lèves
	il	se lève	se levait	se lèvera	se lèverait	se lève
• se levant	nous	nous levons	nous levions	nous lèverons	nous lèverions	nous levions
• s'être levé	vous	vous levez	vous leviez	vous lèverez	vous lèveriez	vous leviez
	ils	se lèvent	se levaient	se lèveront	se lèveraient	se lèvent

동사		직설법현재	반과거	단순미래	조건법현재	접속법현재
	je	finis	finissais	finirai	finirais	finisse
FINIR	tu	finis	finissais	finiras	finirais	finisses
	il	finit	finissait	finira	finirait	finisse
• finissant	nous	finissons	finissions	finirons	finirions	finissions
• fini	vous	finissez	finissiez	finirez	finiriez	finissiez
	ils	finissent	finissaient	finiront	finiraient	finissent
	je[j']	vais	allais	irai	irais	aille
ALLER	tu	vas	allais	iras	irais	ailles
	il	va	allait	ira	irait	aille
• allant	nous	allons	allions	irons	irions	allions
• allé	vous	allez	alliez	irez	iriez	alliez
	ils	vont	allaient	iront	iraient	aillent
	j'	attends	attendais	attendrai	attendrais	attende
ATTENDRE	tu	attends	attendais	attendras	attendrais	attendes
	il	attend	attendait	attendra	attendrait	attende
• attendant	nous	attendons	attendions	attendrons	attendrions	attendions
• attendu	vous	attendez	attendiez	attendrez	attendriez	attendiez
	ils	attendent	attendaient	attendront	attendraient	attendent
	je	bois	buvais	boirai	boirais	boive
BOIRE	tu	bois	buvais	boiras	boirais	boives
	il	boit	buvait	boira	boirait	boive
• buvant	nous	buvons	buvions	boirons	boirions	buvions
• bu	vous	buvez	buviez	boirez	boiriez	buviez
	ils	boivent	buvaient	boiront	boiraient	boivent
	je	choisis	choisissais	choisirai	choisirais	choisisse
CHOISIR	tu	choisis	choisissais	choisiras	choisirais	choisisses
	il	choisit	choisissait	choisira	choisirait	choisisse
• choisissant	nous	choisissons	choisissions	choisirons	choisirions	choisissions
• choisi	vous	choisissez	choisissiez	choisirez	choisiriez	choisissiez
	ils	choisissent	choisissaient	choisiront	choisiraient	choisissent
	je	comprends	comprenais	comprendrai	comprendrais	comprenne
COMPRENDRE	tu	comprends	comprenais	comprendras	comprendrais	comprennes
	il	comprend	comprenait	comprendra	comprendrait	comprenne
• comprenant	nous	comprenons	comprenions	comprendrons	comprendrions	comprenions
• compris	vous	comprenez	compreniez	comprendrez	comprendriez	compreniez
	ils	comprennent	comprenaient	comprendront	comprendraient	comprennent
	je	connais	connaissais	connaîtrai	connaîtrais	connaisse
CONNAÎTRE	tu	connais	connaissais	connaîtras	connaîtrais	connaisses
	il	connaît	connaissait	connaîtra	connaîtrait	connaisse
• connaissant	nous	connaissons	connaissions	connaîtrons	connaîtrions	connaissions
• connu	vous	connaissez	connaissiez	connaîtrez	connaîtriez	connaissiez
	ils	connaissent	connaissaient	connaîtront	connaîtraient	connaissent

동사		직설법현재	반과거	단순미래	조건법현재	접속법현재
	je	crois	croyais	croirai	croirais	croie
CROIRE	tu	crois	croyais	croiras	croirais	croies
	il	croit	croyait	croira	croirait	croie
• croyant	nous	croyons	croyions	croirons	croirions	croyions
• cru	vous	croyez	croyiez	croirez	croiriez	croyiez
	ils	croient	croyaient	croiront	croiraient	croient
	je	défends	défendais	défendrai	défendrais	défende
DÉFENDRE	tu	défends	défendais	défendras	défendrais	défendes
	il	défend	défendait	défendra	défendrait	défende
• défendant	nous	défendons	défendions	défendrons	défendrions	défendions
• défendu	vous	défendez	défendiez	défendrez	défendriez	défendiez
	ils	défendent	défendaient	défendront	défendraient	défendent
	je	descends	descendais	descendrai	descendrais	descende
DESCENDRE	tu	descends	descendais	descendras	descendrais	descendes
	il	descend	descendait	descendra	descendrait	descende
• descendant	nous	descendons	descendions	descendrons	descendrions	descendions
• descendu	vous	descendez	descendiez	descendrez	descendriez	descendiez
	ils	descendent	descendaient	descendront	descendraient	descendent
	je	deviens	devenais	deviendrai	deviendrais	devienne
DEVENIR	tu	deviens	devenais	deviendras	deviendrais	deviennes
	il	devient	devenait	deviendra	deviendrait	devienne
• devenant	nous	devenons	devenions	deviendrons	deviendrions	devenions
• devenu	vous	devenez	deveniez	deviendrez	deviendriez	deveniez
	ils	deviennent	devenaient	deviendront	deviendraient	deviennent
	je	dois	devais	devrai	devrais	doive
DEVOIR	tu	dois	devais	devras	devrais	doives
	il	doit	devait	devra	devrait	doive
• devant	nous	devons	devions	devrons	devrions	devions
• dû	vous	devez	deviez	devrez	devriez	deviez
	ils	doivent	devaient	devront	devraient	doivent
	je	dis	disais	dirai	dirais	dise
DIRE	tu	dis	disais	diras	dirais	dises
	il	dit	disait	dira	dirait	dise
• disant	nous	disons	disions	dirons	dirions	disions
• dit	vous	dites	disiez	direz	diriez	disiez
	ils	disent	disaient	diront	diraient	disent
	je	dors	dormais	dormirai	dormirais	dorme
DORMIR	tu	dors	dormais	dormiras	dormirais	dormes
	il	dort	dormait	dormira	dormirait	dorme
• dormant	nous	dormons	dormions	dormirons	dormirions	dormions
• dormi	vous	dormez	dormiez	dormirez	dormiriez	dormiez
	ils	dorment	dormaient	dormiront	dormiraient	dorment

동사		직설법현재	반과거	단순미래	조건법현재	접속법현재
	j'	écris	écrivais	écrirai	écrirais	écrive
ÉCRIRE	tu	écris	écrivais	écriras	écrirais	écrives
	il	écrit	écrivait	écrira	écrirait	écrive
• écrivant	nous	écrivons	écrivions	écrirons	écririons	écrivions
• écrit	vous	écrivez	écriviez	écrirez	écririez	écriviez
	ils	écrivent	écrivaient	écriront	écriraient	écrivent
	j'	entends	entendais	entendrai	entendrais	entende
ENTENDRE	tu	entends	entendais	entendras	entendrais	entendes
	il	entend	entendait	entendra	entendrait	entende
• entendant	nous	entendons	entendions	entendrons	entendrions	entendions
• entendu	vous	entendez	entendiez	entendrez	entendriez	entendiez
	ils	entendent	entendaient	entendront	entendraient	entendent
	je	fais	faisais	ferai	ferais	fasse
FAIRE	tu	fais	faisais	feras	ferais	fasses
	il	fait	faisait	fera	ferait	fasse
• faisant	nous	faisons	faisions	ferons	ferions	fassions
• fait	vous	faites	faisiez	ferez	feriez	fassiez
	ils	font	faisaient	feront	feraient	fassent
FALLOIR	il	faut	fallait	faudra	faudrait	faille
	je	hais	haïssais	haïrai	haïrais	haïsse
HAÏR	tu	hais	haïssais	haïras	haïrais	haïsses
	il	hait	haïssait	haïra	haïrait	haïsse
• haïssant	nous	haïssons	haïssions	haïrons	haïrions	haïssions
• haï	vous	haïssez	haïssiez	haïrez	haïriez	haïssiez
	ils	haïssent	haïssaient	haïront	haïraient	haïssent
	je	lis	lisais	lirai	lirais	lise
LIRE	tu	lis	lisais	liras	lirais	lises
	il	lit	lisait	lira	lirait	lise
• lisant	nous	lisons	lisions	lirons	lirions	lisions
• lu	vous	lisez	lisiez	lirez	liriez	lisiez
	ils	lisent	lisaient	liront	liraient	lisent
	je	mets	mettais	mettrai	mettrais	mette
METTRE	tu	mets	mettais	mettras	mettrais	mettes
	il	met	mettait	mettra	mettrait	mette
• mettant	nous	mettons	mettions	mettrons	mettrions	mettions
• mis	vous	mettez	mettiez	mettrez	mettriez	mettiez
	ils	mettent	mettaient	mettront	mettraient	mettent
	je	meurs	mourais	mourrai	mourrais	meure
MOURIR	tu	meurs	mourais	mourras	mourrais	meures
	il	meurt	mourait	mourra	mourrait	meure
• mourant	nous	mourons	mourions	mourrons	mourrions	mourions
• mort	vous	mourez	mouriez	mourrez	mourriez	mouriez
	ils	meurent	mouraient	mourront	mourraient	meurent

동사		직설법현재	반과거	단순미래	조건법현재	접속법현재
	j'	offre	offrais	offrirai	offrirais	offre
OFFRIR	tu	offres	offrais	offriras	offrirais	offres
	il	offre	offrait	offrira	offrirait	offre
• offrant	nous	offrons	offrions	offrirons	offririons	offrions
• offert	vous	offrez	offriez	offrirez	offririez	offriez
	ils	offrent	offraient	offriront	offriraient	offrent
	j'	ouvre	ouvrais	ouvrirai	ouvrirais	ouvre
OUVRIR	tu	ouvres	ouvrais	ouvriras	ouvrirais	ouvres
	il	ouvre	ouvrait	ouvrira	ouvrirait	ouvre
• ouvrant	nous	ouvrons	ouvrions	ouvrirons	ouvririons	ouvrions
• ouvert	vous	ouvrez	ouvriez	ouvrirez	ouvririez	ouvriez
	ils	ouvrent	ouvraient	ouvriront	ouvriraient	ouvrent
	je	parais	paraissais	paraîtrai	paraîtrais	paraisse
PARAÎTRE	tu	parais	paraissais	paraîtras	paraîtrais	paraisses
	il	paraît	paraissait	paraîtra	paraîtrait	paraisse
• paraissant	nous	paraissons	paraissions	paraîtrons	paraîtrions	paraissions
• paru	vous	paraissez	paraissiez	paraîtrez	paraîtriez	paraissiez
	ils	paraissent	paraissaient	paraîtront	paraîtraient	paraissent
	je	pars	partais	partirai	partirais	parte
PARTIR	tu	pars	partais	partiras	partirais	partes
	il	part	partait	partira	partirait	parte
• partant	nous	partons	partions	partirons	partirions	partions
• parti	vous	partez	partiez	partirez	partiriez	partiez
	ils	partent	partaient	partiront	partiraient	partent
	je	permets	permettais	permettrai	permettrais	permette
PERMETTRE	tu	permets	permettais	permettras	permettrais	permettes
	il	permet	permettait	permettra	permettrait	permette
• permettant	nous	permettons	permettions	permettrons	permettrions	permettions
• permis	vous	permettez	permettiez	permettrez	permettriez	permettiez
	ils	permettent	permettaient	permettront	permettraient	permettent
	je	plais	plaisais	plairai	plairais	plaise
PLAIRE	tu	plais	plaisais	plairas	plairais	plaises
	il	plaît	plaisait	plaira	plairait	plaise
• plaisant	nous	plaisons	plaisions	plairons	plairions	plaisions
• plu	vous	plaisez	plaisiez	plairez	plairiez	plaisiez
	ils	plaisent	plaisaient	plairont	plairaient	plaisent
	je	peux	pouvais	pourrai	pourrais	puisse
POUVOIR	tu	peux	pouvais	pourras	pourrais	puisses
	il	peut	pouvait	pourra	pourrait	puisse
• pouvant	nous	pouvons	pouvions	pourrons	pourrions	puissions
• pu	vous	pouvez	pouviez	pourrez	pourriez	puissiez
	ils	peuvent	pouvaient	pourront	pourraient	puissent

동사		직설법현재	반과거	단순미래	조건법현재	접속법현재
PRENDRE	je	prends	prenais	prendrai	prendrais	prenne
	tu	prends	prenais	prendras	prendrais	prennes
	il	prend	prenait	prendra	prendrait	prenne
• prenant	nous	prenons	prenions	prendrons	prendrions	prenions
• pris	vous	prenez	preniez	prendrez	prendriez	preniez
	ils	prennent	prenaient	prendront	prendraient	prennent
PROMENER	je	promène	promenais	promènerai	promènerais	promène
	tu	promènes	promenais	promèneras	promènerais	promènes
	il	promène	promenait	promènera	promènerait	promène
• promenant	nous	promenons	promenions	promènerons	promènerions	promenions
• promené	vous	promenez	promeniez	promènerez	promèneriez	promeniez
	ils	promènent	promenaient	promèneront	promèneraient	promènent
RECEVOIR	je	reçois	recevais	recevrai	recevrais	reçoive
	tu	reçois	recevais	recevras	recevrais	reçoives
	il	reçoit	recevait	recevra	recevrait	reçoive
• recevant	nous	recevons	recevions	recevrons	recevrions	recevions
• reçu	vous	recevez	receviez	recevrez	recevriez	receviez
	ils	reçoivent	recevaient	recevront	recevraient	reçoivent
RENDRE	je	rends	rendais	rendrai	rendrais	rende
	tu	rends	rendais	rendras	rendrais	rendes
	il	rend	rendait	rendra	rendrait	rende
• rendant	nous	rendons	rendions	rendrons	rendrions	rendions
• rendu	vous	rendez	rendiez	rendrez	rendriez	rendiez
	ils	rendent	rendaient	rendront	rendraient	rendent
RÉPONDRE	je	réponds	répondais	répondrai	répondrais	réponde
	tu	réponds	répondais	répondras	répondrais	répondes
	il	répond	répondait	répondra	répondrait	réponde
• répondant	nous	répondons	répondions	répondrons	répondrions	répondions
• répondu	vous	répondez	répondiez	répondrez	répondriez	répondiez
	ils	répondent	répondaient	répondront	répondraient	répondent
RÉUSSIR	je	réussis	réussissais	réussirai	réussirais	réussisse
	tu	réussis	réussissais	réussiras	réussirais	réussisses
	il	réussit	réussissait	réussira	réussirait	réussisse
• réussissant	nous	réussissons	réussissions	réussirons	réussirions	réussissions
• réussi	vous	réussissez	réussissiez	réussirez	réussiriez	réussissiez
	ils	réussissent	réussissaient	réussiront	réussiraient	réussissent
RIRE	je	ris	riais	rirai	rirais	rie
	tu	ris	riais	riras	rirais	ries
	il	rit	riait	rira	rirait	rie
• riant	nous	rions	riions	rirons	ririons	riions
• ri	vous	riez	riiez	rirez	ririez	riiez
	ils	rient	riaient	riront	riraient	rient

동사		직설법현재	반과거	단순미래	조건법현재	접속법현재
SAISIR	je	saisis	saisissais	saisirai	saisirais	saisisse
	tu	saisis	saisissais	saisiras	saisirais	saisisses
	il	saisit	saisissait	saisira	saisirait	saisisse
• saisissant	nous	saisissons	saisissions	saisirons	saisirions	saisissions
• saisi	vous	saisissez	saisissiez	saisirez	saisiriez	saisissiez
	ils	saisissent	saisissaient	saisiront	saisiraient	saisissent
SAVOIR	je	sais	savais	saurai	saurais	sache
	tu	sais	savais	sauras	saurais	saches
	il	sait	savait	saura	saurait	sache
• sachant	nous	savons	savions	saurons	saurions	sachions
• su	vous	savez	saviez	saurez	sauriez	sachiez
	ils	savent	savaient	sauront	sauraient	sachent
SENTIR	je	sens	sentais	sentirai	sentirais	sente
	tu	sens	sentais	sentiras	sentirais	sentes
	il	sent	sentait	sentira	sentirait	sente
• sentant	nous	sentons	sentions	sentirons	sentirions	sentions
• senti	vous	sentez	sentiez	sentirez	sentiriez	sentiez
	ils	sentent	sentaient	sentiront	sentiraient	sentent
SERVIR	je	sers	servais	servirai	servirais	serve
	tu	sers	servais	serviras	servirais	serves
	il	sert	servait	servira	servirait	serve
• servant	nous	servons	servions	servirons	servirions	servions
• servi	vous	servez	serviez	servirez	serviriez	serviez
	ils	servent	servaient	serviront	serviraient	servent
SORTIR	je	sors	sortais	sortirai	sortirais	sorte
	tu	sors	sortais	sortiras	sortirais	sortes
	il	sort	sortait	sortira	sortirait	sorte
• sortant	nous	sortons	sortions	sortirons	sortirions	sortions
• sorti	vous	sortez	sortiez	sortirez	sortiriez	sortiez
	ils	sortent	sortaient	sortiront	sortiraient	sortent
SUFFIRE	je	suffis	suffisais	suffirai	suffirais	suffise
	tu	suffis	suffisais	suffiras	suffirais	suffises
	il	suffit	suffisait	suffira	suffirait	suffise
• suffisant	nous	suffisons	suffisions	suffirons	suffirions	suffisions
• suffi	vous	suffisez	suffisiez	suffirez	suffiriez	suffisiez
	ils	suffisent	suffisaient	suffiront	suffiraient	suffisent
TENIR	je	tiens	tenais	tiendrai	tiendrais	tienne
	tu	tiens	tenais	tiendras	tiendrais	tiennes
	il	tient	tenait	tiendra	tiendrait	tienne
• tenant	nous	tenons	tenions	tiendrons	tiendrions	tenions
• tenu	vous	tenez	teniez	tiendrez	tiendriez	teniez
	ils	tiennent	tenaient	tiendront	tiendraient	tiennent

동사		직설법현재	반과거	단순미래	조건법현재	접속법현재
VALOIR • valant • valu	je tu il nous vous ils	vaux vaux vaut valons valez valent	valais valais valait valions valiez valaient	vaudrai vaudras vaudra vaudrons vaudrez vaudront	vaudrais vaudrais vaudrait vaudrions vaudriez vaudraient	vaille vailles vaille valions valiez vaillent
VEILLER • veillant • veillé	je tu il nous vous ils	veille veilles veille veillons veillez veillent	veillais veillais veillait veillions veilliez veillaient	veillerai veilleras veillera veillerons veillerez veilleront	veillerais veillerais veillerait veillerions veilleriez veilleraient	veille veilles veille veillions veilliez veillent
VENDRE • vendant • vendu	je tu il nous vous ils	vends vends vend vendons vendez vendent	vendais vendais vendait vendions vendiez vendaient	vendrai vendras vendra vendrons vendrez vendront	vendrais vendrais vendrait vendrions vendriez vendraient	vende vendes vende vendions vendiez vendent
VENIR • venant • venu	je tu il nous vous ils	viens viens vient venons venez viennent	venais venais venait venions veniez venaient	viendrai viendras viendra viendrons viendrez viendront	viendrais viendrais viendrait viendrions viendriez viendraient	vienne viennes vienne venions veniez viennent
VIVRE • vivant • vécu	je tu il nous vous ils	vis vis vit vivons vivez vivent	vivais vivais vivait vivions viviez vivaient	vivrai vivras vivra vivrons vivrez vivront	vivrais vivrais vivrait vivrions vivriez vivraient	vive vives vive vivions viviez vivent
VOIR • voyant • vu	je tu il nous vous ils	vois vois voit voyons voyez voient	voyais voyais voyait voyions voyiez voyaient	verrai verras verra verrons verrez verront	verrais verrais verrait verrions verriez verraient	voie voies voie voyions voyiez voient
VOULOIR • voulant • voulu	je tu il nous vous ils	veux veux veut voulons voulez veulent	voulais voulais voulait voulions vouliez voulaient	voudrai voudras voudra voudrons voudrez voudront	voudrais voudrais voudrait voudrions voudriez voudraient	veuille veuilles veuille voulions vouliez veuillent

범 례

a. : adjectif 형용사	inf. : infinitif 부정법	prép. : préposition 전치사
ad. : adverbe 부사	int. : interjection 감탄사	pro. : pronom 대명사
art. : article 관사	m. : masculin 남성	v. : verbe 동사
conj. : conjonction 접속사	n. : nom 명사	v.pr. : verbe pronominal 대명동사
f. : féminin 여성	pl. : pluriel 복수	†h : 유성 h

A

à	prép. ～에, ～에게
abîmer(s')	v.pr. 상하다, 망가지다
absolu(e)	a. 절대적인
absolument	ad. 전적으로, 절대적으로
accabler	v. 짓누르다, 압도하다
accent	n.m. 악센트, 악센트 부호
accepter	v. 받아들이다, 승낙하다
accident	n.m. 사고, 우연한 일
accompagner	v. 동반하다, 동행하다
accord	n.m. 동의
accorder	v. 동의[승인, 승낙]하다
accrocher	v. 걸다
accrocher(s')	v.pr. 걸리다
accueillir	v. 맞이하다, 접대하다
acheter	v. 사다, 구매하다
acteur(trice)	n. 배우
actif(ve)	a. 적극적인, 활기찬
action	n.f. 주식
actuel(le)	a. 현재의, 오늘날의
actuellement	ad. 현재, 지금
addition	n.f. 계산서, 총합
admirer	v. 감탄하다, 찬미하다
adorer	v. 매우 좋아하다
adresse	n.f. 주소
aéroport	n.m. 공항
affaire	n.f. 일, 용건, 문제
âge	n.m. 나이, 연령
agréable	a. 기분 좋은, 유쾌한
agréer	v. 기꺼이 받아들이다[수락하다]
aide	n.f. 도움
aider	v. 돕다
aigu(ë)	a. 날카로운
aimable	a. 사랑스러운, 귀여운
aimer	v. 좋아하다
air	n.m. 모양, 태도, 표정 *avoir l'air*＋adj. : ～처럼 보이다
aise	n.f. 편함, 안락 *mettre qn à l'aise* : ～을 편안하게 하다
alcool	n.m. 알코올, 알코올음료
aller	v. 가다; ～한 상태로 지내다 *s'en aller* : 떠나다, 사라지다
allemand(e)	a. 독일의, 독일인의 n.m. 독일어
Allemand(e)	n. 독일인

ambition	n.f. 야심, 야망
américain(e)	a. 미국의, 미국인의
ami(e)	n. 친구
amour	n.m. 사랑, 애정
amoureux(se)	a. 사랑하는
	n. 연인, 애인
amusant(e)	a. 재미있는, 즐거운
an	n.m. 연, ~살, ~세
ancien(ne)	a. 이전의; 오래전부터의
anglais(e)	a. 영국의, 영어의, 영국인의
	n.m. 영어
Anglais(e)	n. 영국인
animal	n.m. 동물
année	n.f. 해, 연, 년도
annoncer	v. 알리다, 발표하다
antérieur(e)	a. 이전의, 앞의
anticonstitutionnel(le)	a. 위헌의
août	n.m. 8월
apercevoir	v. 발견하다, 깨닫다
apercevoir(s')	v.pr 깨닫다, 알아차리다
appareil	n.m. 기계, 기구
	appareil téléphonique : 전화기
appartement	n.m. 아파트
appartenir	v. ~에 속하다
appeler	v. 부르다, 오게 하다
appeler(s')	v.pr. ~라고 불리다
appétit	n.m. 식욕
apporter	v. 가져오다
apprécier	v. 평가하다, 존중하다
apprendre	v. 배우다, 가르치다
après	prép. ~후에
	ad. 후에, 나중에
après-demain	ad. 모레
	n.m. 모레
après-midi	n.m. 오후
arbre	n.m. 나무
arc	n.m. 아치, 홍예, 활
arc-en-ciel	n.m. 무지개
architecte	n. 건축가
argent	n.m. 은, 돈, 금전
arrêter	v. 중지하다, 막다, 체포하다
arrêter(s')	v.pr. 끝나다, 멈춰서다
arrière	n.m. 뒤, 후방
arrière-pensée	n.f. 속셈, 저의
arriver	v. 도착하다; (사건이) 일어나다, 발생하다
art	n.m. 예술
artiste	n. 예술가
ascenseur	n.m. 승강기, 엘리베이터
assassinat	n.m. 암살, 살인
assemblée	n.f. 군중, 집회, 의회
asseoir(s')	v.pr. 앉다
assez	ad. 충분히, 아주
attendre	v. 기다리다
attention	n.f. 주의, 조심
aucun(e)	a. 어떠한, 하나도
	pro. 어느 누구도, 아무도
aujourd'hui	ad. 오늘
	n.m. 오늘
aussi	ad. 역시, 또한
autant	ad. 그만큼, 그 정도로
auteur	n.m. 작가, 저자
auto	n.f. 자동차
autobus	n.m. 버스
automne	n.m. 가을
autour	ad. 주위에, 둘레에
	autour de : ~의 주위에
autre	a. 다른, 별개의
	pro. 다른 사람, 다른 것
autrefois	ad. 예전에, 옛날에
avaler	v. 삼키다, 먹다
avancer	v. 진척시키다, 빠르게 하다
avant	ad. 전에, 먼저
	prép. ~보다 먼저, ~전에

부록

avec	prép. ~와 함께[같이]
avenir	n.m. 미래, 장래
aveugle	a. 눈먼, 맹목적인
aveuglément	ad. 맹목적으로
avion	n.m. 비행기
avis	n.m. 의견, 견해
avoir	v. 소유하다, 지니다
avril	n.m. 4월

B

baby-sitter	n. 아이를 돌보는 사람
baccalauréat	n.m. 대학입학자격(시험)
baguette	n.f. 막대기, 젓가락; 바게트
bain	n.m. 목욕, 욕조
bal	n.m. 무도회
banal(e)	a. 진부한, 평범한
banlieue	n.f. 교외, 시외
banque	n.f. 은행
bas(se)	a. 낮은
bateau	n.m. 배
battre	v. 때리다, 치다
battre(se)	v.pr. 다투다, 투쟁하다
beau(belle)	a. 아름다운, (날씨가) 좋은
beaucoup	ad. 매우, 많이
	beaucoup de : 많은
beau-frère	n.m. 매형, 처남, 동서
bébé	n.m. 아기, 갓난아이
besoin	n.m. 필요, 요구
	avoir besoin de : ~이 필요하다
bibliothèque	n.f. 도서관
bicyclette	n.f. 자전거
bien	ad. 매우, 몹시
	a. 좋은, 건강이 좋은
bientôt	ad. 곧, 순식간에
bienvenue	n.f. 환영, 환대
bière	n.f. 맥주
bijou	n.m. 보석
billet	n.m. 표, 지폐
blanc(che)	a. 흰, 하얀
	vin blanc : 백포도주
bléssé(e)	a. 상처 입은, 부상당한
bleu(e)	a. 파란, 푸른
blond(e)	a. 금발의, 황금색의
boire	v. 마시다
boisson	n.f. 음료
bon(ne)	a. 좋은, 친절한
bonbon	n.m. 사탕, 과자
bonheur	n.m. 행복
bonjour	n.m. 안녕, 안녕하십니까
bonté	n.f. 착함, 친절
bord	n.m. 가장자리, 기슭
boucle	n.f. 버클
	boucle d'oreille : 귀걸이
bouger	v. 움직이다, 이동하다
boulanger(ère)	n. 제빵업자
boulangerie	n.f. 제빵, 제과점
bourse	n.f. 장학금, 돈
bouteille	n.f. 병, 술병
	une bouteille de : 한 병의 ~
boutique	n.f. 가게
bras	n.m. 팔
brave	a. 정직한; 용감한
briller	v. 빛나다, 반짝이다
brouillard	n.m. 안개
brun(e)	a. 갈색의
bureau	n.m. 사무실, 사무용 책상
bus	n.m. 버스

C

ça	pro. 이것, 그것, 저것
cabinet	n.m. 사무실, 내각, 정부
cadeau	n.m. 선물

cadet(te)	n. 막내
café	n.m. 커피; 카페
	café au lait : 밀크커피
cafétéria	n.f. 카페테리아
cahier	n.m. 공책, 노트
caillou	n.m. 자갈, 조약돌
caméscope	n.m. 비디오카메라
campagne	n.f. 농촌, 시골
canadien(ne)	a. 캐나다의, 캐나다인의
Canadien(ne)	n. 캐나다인
canne	n.f. 지팡이
capable	a. 할 수 있는
capacité	n.f. 능력, 적성; 용량
capitale	n.f. 수도, 중심지
car	n.m. 관광[장거리]버스
caractère	n.m. 성격, 특징; 활자
carafe	n.f. 물병, 한 병 분량
	une carafe d'eau : 물 한 병
carnaval	n.m. 사육제
carrefour	n.m. 교차로, 사거리
carte	n.f. 차림표, 메뉴
cause	n.f. 이유, 원인
	à cause de : ~때문에
ce	a. 이, 그, 저
	pro. 이(그, 저)사람, 이(그, 저)것
célèbre	a. 유명한
célébrer	v. 기념하다, 축하하다
célibataire	n. 독신자
	a. 독신의
cent	a., n.m. 100(의), 백(의)
centre	n.m. 중심, 중심가, 번화가
	centre-ville : 도심지
certain(e)	a. 어떤; 확실한
certainement	ad. 확실히, 꼭
certificat	n.m. 증명서, 증서
chacun(e)	pro. 각각의 사람[것]
chaise	n.f. 의자
chaleur	n.f. 열, 더위
chaleureusement	ad. 열렬히, 진심으로
chambre	n.f. 방
chance	n.f. 운; 기회, 가능성
changer	v. 교환하다, 바꾸다
chanter	v. 노래하다
chanteur(se)	n. 가수
chaque	a. 각각의, 각자의
charmant(e)	a. 매력적인
charme	n.m. 매력
chat(te)	n. 고양이
château	n.m. 성, 성채, 저택, 궁
chaud(e)	a. 따뜻한, 뜨거운
chaud	n.m. 더위, 뜨거움
	avoir chaud : 덥다
chaussure	n.f. 신, 신발
chef	n.m. 우두머리, 책임자
chef-d'œuvre	n.m. 걸작, 대표작
chef-lieu	n.m. 도청 소재지
chemin	n.m. 길, 도로
chèque	n.m. 수표
	chèque de voyage : 여행자 수표
cher(ère)	a. 소중한; 값비싼
	ad. 비싸게
chercher	v. 찾다
cheval	n.m. 말
cheveu	n.m. 머리(털)
chez	prép. (의) 집에(서)
chien(ne)	n. 개
chinois(e)	a. 중국의, 중국인의
	n.m. 중국어
Chinois(e)	n. 중국인
chirurgie	n.f. 외과
chocolat	n.m. 초콜릿
choisir	v. 선택하다
chômeur(euse)	n. 실업자
choquer	v. 타격을 주다

chose	n.f. 것, 사물
chou	n.m. 배추
chouette	a. 멋진, 근사한
	int. 근사하다, 멋지다
ciel	n.m. 하늘
cigarette	n.f. 담배
cinéma	n.m. 영화, 영화관
cinq	a., n.m. 5(의), 다섯의
ciseau	n.m. 끌; (pl.) 가위
clair(e)	a. 밝은, 맑은, 명확한
classe	n.f. 수업, 수업시간, 교실
classicisme	n.m. 고전주의
classique	a. 고전의
client(e)	n. 손님, 고객, 단골
clou	n.m. 못
cœur	n.m. 심장, 가슴, 마음
coiffeur(se)	n. 미용사, 이발사
coin	n.m. 모서리, 구석
collègue	n. 동료, 동업자
combien	ad. 얼마만큼, 얼마나
commander	v. 명령하다, 주문하다
comme	conj. ~처럼, ~로서
commémorer	v. 기념하다, 추념하다
commencement	n.m. 시작
commencer	v. 시작하다
comment	ad. 어떻게
commode	a. 편리한, 안락한
communicant(e)	a. 서로 통하는
comparer	v. 비교하다
compétitif(ve)	a. 경쟁력이 있는
compétition	n.f. 경쟁
complet(ète)	a. 완전한, 완벽한
complètement	ad. 완전히, 전부
composé(e)	a. 혼합의, 복합의
compréhension	n.f. 이해, 이해심
comprendre	v. 이해하다, 알다
compte	n.m. 셈, 계산, 계좌
compter	v. 세다, 헤아리다
	compter sur : 믿다
conclure	v. 체결하다
concours	n.m. 선발시험, 경쟁시험
conducteur(trice)	n. 안내자, 기사
conduire	v. 운전하다
conférence	n.f. 회의, 강연
confiture	n.f. 잼
confortable	a. 안락한, 쾌적한
congrès	n.m. 회의, 학회
connaissance	n.f. 앎, 지식, 교제
	faire la connaissance de : ~와 알게 되다
connaître	v. 알다
consentir	v. [à] 동의하다, 승낙하다
considérer	v. 간주하다, 고려하다
constant(e)	a. 지속적인, 일정한
constamment	ad. 줄곧, 한결같이
construire	v. 짓다, 건축[건설]하다
content(e)	a. 만족한, 만족스러운
continuer	v. 계속하다, 잇다
contraire	a. 반대의, 반대방향의
contre	prép. ~에 반하여, ~에 기대어
contrôle	n.m. 수시 평가, 감시, 감독
convaincant(e)	a. 설득력 있는, 타당한
conversation	n.f. 대화, 회담
coordonnées	n.f.pl. 신상명세
copie	n.f. 복사, 사본
copain(copine)	n. 친구
Corée	n.f. 한국
coréen(ne)	a. 한국의, 한국인의
	n.m. 한국어
Coréen(ne)	n. 한국인
correspondre	v. 부합하다, 상응하다
côte	n.f. 갈비뼈; 언덕, 비탈길; 해안
côté	n.m. 옆구리, 옆, 곁
cou	n.m. 목

coucher	v. 재우다
coucher(se)	v.pr. 자다
couper	v. 자르다, 베다
couper(se)	v.pr. (신체의 일부를) 베다
courage	n.m. 용기, 담력
couleur	n.f. 색(깔)
coupe	n.f. 술잔, 트로피
couramment	ad. 유창하게, 일반적으로
courant(e)	a. 흐르는, 현재의, 일반적인
	n.m. 흐름, 유통
	être au courant : ~을 알고 있다
courir	v. 뛰다, 달리다, 흐르다
cours	n.m. 강의, 수업
course	n.f. 달리기; (pl.) 쇼핑
couteau	n.m. 칼
coûter	v. 값이 ~이다, 비용이 들다
couvrir	v. 덮다, 가리다
craindre	v. 두려워하다
crayon	n.m. 연필
créateur(trice)	a. 창조적인
	n. 창시자, 창립자
créatif(ve)	a. 창조적인, 혁신적인
créer	v. 창조하다, 만들어내다
crier	v. 외치다, 고함치다
croire	v. 믿다, 확신하다
cuisine	n.f. 주방, 부엌
cuisiner	v. 요리하다
cuisinier(ère)	n. 요리사
culture	n.f. 문화, 교양; 경작
curieux(se)	a. 호기심 많은

D

dame	n.f. 부인, 여성
dangereux(se)	a. 위험한
dans	prép. ~의 안[속]에
danser	v. 춤추다
danseur(euse)	n. 무용가, 댄서
date	n.f. 날짜, 연월일, 시기
dater	v. 날짜를 쓰다, 시작되다
davantage	ad. 더 많이, 더 한층
débrouiller	v. 얽힌 것을 풀다; 해결하다
débrouiller(se)	v.pr. 풀리다, 해결되다
début	n.m. 시작, 시초, 데뷔
décembre	n.m. 12월
décider	v. 결심하다
découvrir	v. 발견하다, 찾아내다
déçu(e)	a. 실망한, 기대에 어긋난
dedans	ad. 안에, 안으로
	n.m. 속, 내부
déesse	n.f. 여신
défaut	n.m. 결핍, 결함, 단점
degré	n.m. 정도, 등급, 온도
dehors	ad. 밖에, 밖으로
	n.m. 바깥, 외부
déjà	ad. 이미, 벌써
déjeuner	v. 점심 식사하다
	n.m. 점심(식사)
délicieux(se)	a. 맛있는
demain	ad. 내일
	n.m. 내일
demander	v. 요구[요청]하다
demeurer	v. 지속되다; 거주하다
demi(e)	a. 반의
	n. 절반
demi-heure	n.f. 반시간, 30분
démocratique	a. 민주적인
dent	n.m. 이, 치아
dentiste	n. 치과 의사
départ	n.m. 출발, 이륙
dépêcher(se)	v.pr. 서두르다
dépendre	v. ~에 달려있다
depuis	prép. ~이래로, ~부터
déranger	v. 방해하다, 폐를 끼치다

dernier(ère)	a. 마지막의, 최근의; 지난
dernier-né	n.m. 막내
derrière	prép. ～뒤에, ～다음에
descendre	v. 내려가다
désirer	v. 원하다, 바라다
désolé(e)	a. 유감스러운, 애석한
dessert	n.m. 디저트
dessiner	v. 데생하다, 그리다
détail	n.m. 세부, 상세
détendre	v. (긴장을) 풀다
détendre(se)	v.pr. 몸을 편안하게 하다
détester	v. 싫어하다
deux	a., n.m. 2(의), 둘(의)
devant	prép. ～앞에(서)
devenir	v. ～이 되다
devoir	v. ～해야 한다
	n.m. 의무, 숙제
dictionnaire	n.m. 사전
dieu	n.m. 신
différence	n.f. 차이, 다름
différent(e)	a. 다른, 상이한
difficile	a. 어려운, 힘든
difficulté	n.f. 어려움, 곤란
dimanche	n.m. 일요일
dîner	v. 저녁을 먹다
	n.m. 저녁(식사)
diplôme	n.m. 학위
dire	v. 말하다, 이야기하다
directement	ad. 직접, 바로
directeur(trice)	n. 장, 책임자
direction	n.f. 방향
discuter	v. 토론하다, 논의하다
disponible	a. 사용할 수 있는, 한가한
disputer	v. 논쟁하다, 토의하다
disquette	n.f. 디스켓
distingué(e)	a. 고상한, 뛰어난, (편지의 결구에서) 각별한
dix	a., n.m. 10(의), 열(의)
docteur	n.m. 박사, 의사
domaine	n.m. 분야, 영역
dommage	n.m. 손해, 유감스러운 일
donner	v. 주다
dormant(e)	a. (물이) 괴어있는, 자는
	n. 잠자는 사람
dormir	v. 잠자다
dos	n.m. 등, 배후
douche	n.f. 샤워, 샤워실
douleur	n.f. 고통, 아픔
doute	n.m. 의심, 의혹
douter	v. 의심하다
doux(ce)	a. 온화한, 부드러운
droit(e)	a. 바른, 곧은, 오른쪽의
	ad. 똑바로
drôle	a. 우스운, 익살스러운
dur(e)	a. 단단한, 어려운
	ad. 열심히
durer	v. 지속되다, 계속되다

E

eau	n.f. 물
échanger	v. 교환하다
école	n.f. 학교
écolier(ère)	n. 초등학생
écouter	v. 듣다
écrire	v. 쓰다, 기입하다
éducation	n.f. 교육
effectuer	v. 실행하다, 행하다
égal(e)	a. 동등한
également	ad. 똑같이, 역시
église	n.f. 교회
égoïsme	n.m. 이기주의
électeur(trice)	n. 유권자, 선거인
élection	n.f. 선거, 선출

électrique	a. 전기의	époque	n.f. 시대, 시절
élégant(e)	a. 우아한, 고상한	époux(se)	n. 배우자
élève	n. 학생, 제자	épreuve	n.f. 시련, 고난; 시험
élire	v. 선출하다, 뽑다	équipe	n.f. 팀, 그룹
éloigner	v. 멀리 보내다	équivoque	a. 애매한, 불확실한
éloigner(s')	v.pr. 멀어지다, 약해지다	escalier	n.m. 계단
embouteillage	n.m. (교통의) 혼잡	espérer	v. 원하다
embrouillé(e)	a. 복잡한	espoir	n.m. 희망, 기대
emmener	v. 데리고 가다	esprit	n.m. 정신, 지성
empêcher	v. 방해하다, 막다	essayer	v. 시험하다, 시도하다
employé(e)	n. 직원, 사무원	est	n.m. 동쪽
employer	v. 고용하다, 채용하다	esthétique	a. 미용의
emporter	v. 가지고 가다	estimer	v. 평가하다, 추정하다
emprunter	v. 빌리다, 차용하다	étage	n.m. (건물의) 층
enchanté(e)	a. 매우 기쁜[반가운]	été	n.m. 여름
encore	ad. 아직도, 여전히	étoile	n.f. 별
enfant	n. 어린이, 아동	étonné(e)	a. 놀란
enfin	ad. 마침내, 이제야	étonner	v. 놀라게 하다
enlever	v. 없애다, 제거하다	étonner(s')	v.pr. 놀라다
ennuyer	v. 지루하게 하다, 난처하게 하다	étranger(ère)	a. 외국(인)의 n. 이방인
ennuyeux(se)	a. 지루한		
énorme	a. 거대한, 막대한	être	v. ～이다, 존재하다, 있다
énormément	ad. 막대하게, 매우	étude	n.f. 공부, (pl.) 학업
enseignement	n.m. 교육	étudiant(e)	n. 대학생
ensemble	ad. 함께, 같이	euro	n.m. 유로 (유럽연합의 화폐 단위)
ensuite	ad. 그리고 나서, 뒤이어		
entendre	v. 듣다, 들리다	européen(ne)	a. 유럽의
entendu(e)	a. 이해된, 합의된; 알겠습니다	évidemment	ad. 확실히, 틀림없이
entre	prép. ～사이(에)	évident(e)	a. 분명한, 확실한
entrée	n.f. 입구; 전채요리	éviter	v. 피하다
entreprendre	v. 착수하다, 시작하다	exact(e)	a. 정확한, 틀림없는
entreprise	n.f. 회사; 기획, 계획	exactement	ad. 정확하게
envie	n.f. 욕구, 갈망 *avoir envie de* : ～을 하고 싶다	examen	n.m. 시험, 검사, 검토
		excellent(e)	a. 훌륭한, 뛰어난
environ	ad. 대략, 약	exception	n.f. 예외, 제외
environner	v. 둘러싸다	excursion	n.f. 소풍, (가벼운) 여행
envoyer	v. 파견하다, 발송하다	excuser	v. 변명하다, 용서하다

부록

excuser(s')	v.pr. 사과하다, 용서를 구하다
exemple	n.m. 예, 실례, 모범
exister	v. 존재하다, 실재하다
expérience	n.f. 경험
expliquer	v. 설명하다
exporter	v. 수출하다
exposé	n.m. 발표, 보고
exposition	n.f. 전시회
extérieur(e)	a. 외부의, 외국의

F

face	n.f. 얼굴; 앞면, 정면
	en face de : ~의 맞은 편에
fâché(e)	a. 화난, 유감스럽게 생각하는
facile	a. 쉬운
facilement	ad. 쉽게
façon	n.f. 방식, 방법
facteur(trice)	n. 우체부
faculté	n.f. 단과대학
faim	n.m. 허기, 굶주림
	avoir faim : 배고프다
faire	v. 하다, 만들다, 시키다
fait(e)	a. 실행된, 행해진
falloir	v. ~이 필요하다, ~해야 한다
fameux(se)	a. 유명한
famille	n.f. 가족
fatigant(e)	a. 피로하게 하는, 골치아픈
fatigué(e)	a. 피곤한
faux(sse)	a. 잘못된, 틀린
favori(te)	a. 애호하는, 좋아하는
félicitation	n.f. (pl.) 축하
féliciter	v. 축하하다
femme	n.f. 여자, 아내
fenêtre	n.f. 창, 창문
férié(e)	a. 공휴일[축제일]로 정해진
fermer	v. 닫다
festival	n.m. 축제, 음악[연극, 영화]제
fête	n.f. 축제일, 명절
février	n.m. 2월
fiançailles	n.f.pl. 약혼
fièvre	n.f. 열
fille	n.f. 소녀, 딸
	jeune fille : 아가씨, 미혼여성
film	n.m. 영화
fils	n.m. 아들
fin	n.f. 끝, 종말
final(e)	a. 끝의, 종말의
finir	v. 끝나다, 끝내다
fleur	n.f. 꽃
fleuve	n.m. 큰 강, 대하
fois	n.f. 번, 회
forme	n.f. 형태, 형식; 컨디션
	être en forme : 컨디션이 좋다
formidable	a. 놀라운, 기막힌
fort(e)	a. 힘센, 강한
	ad. 강하게, 세차게
fou(folle)	a. 미친, 머리가 돈
frais(aîche)	a. 신선한, 서늘한, 새로운
fraise	n.f. 딸기
franc(che)	a. 솔직한, 명백한
français(e)	a. 프랑스의, 프랑스인의
	n.m. 프랑스어
Français(e)	n. 프랑스인
frapper	v. 때리다
frère	n.m. 형, 남동생, 오빠
frite	n.f. 감자튀김
froid(e)	a. 찬, 차가운
	n.m. 추위, 한기
	avoir froid : 춥다
	prendre froid : 감기 들다
fumer	v. (담배를) 피우다
futur(e)	a. 미래의, 장래의

G

gagner	v. (돈 따위를) 벌다, 승리하다
gagneur(se)	a. 승리한
	n. 승리한 사람
gai(e)	a. 즐거운, 명랑한, 밝은
gant	n.m. 장갑
garçon	n.m. 소년
garder	v. 지키다, 돌보다
gare	n.f. 역
gâteau	n.m. 케이크, 과자
gauche	a. 왼쪽의
geler	v. 얼리다, 얼다
général	n.m. 장군
général(e)	a. 일반의, 보편의
généralement	ad. 일반적으로, 보편적으로
génial(e)	a. 훌륭한, 뛰어난, 놀라운
genou	n.m. 무릎
genre	n.m. 장르, 유형
gens	n.pl. 사람들
	jeunes gens : 청년들
gentil(le)	a. 친절한
gentiment	ad. 친절하게, 상냥하게
glace	n.f. 아이스크림, 거울
golf	n.m. 골프
gorge	n.f. 목, 목구멍
goût	n.m. 미각, 기호
gouvernement	n.m. 정부, 정권, 정체
gramme	n.m. 그램
grand(e)	a. 큰, 위대한
grand-mère	n.f. 할머니
grands-parents	n.m.pl. 조부모
grand-père	n.m. 할아버지
gratte-ciel	n.m. 마천루
gratuit(e)	a. 무료의
grave	a. 중대한, 중요한, 심각한
gravement	ad. 중대하게, 심각하게
grec(que)	a. 그리스의
	n.m. 그리스어
Grec(que)	n. 그리스사람
grêler	v. 우박이 오다
grenier	n.m. 다락방, 곳간
grièvement	ad. 중하게
grillé(e)	a. 구운
grippe	n.f. 유행성 감기
gris(e)	a. 회색의, (날씨가) 우중충한
	faire gris : 날씨가 흐리다
gros(se)	a. 뚱뚱한
guépard	n.m. 치타
guerre	n.f. 전쟁
guichet	n.m. (매표소의) 창구, 개찰구

H

habiller	v. 옷을 입히다
habiller(s')	v.pr. 옷을 입다
habitant(e)	n. 주민, 거주자
habiter	v. 살다, 거주하다
habitude	n.f. 습관, 습성
†haie	n.f. 울타리
†hasard	n.m. 우연, 우연한 일
†haut	a. 높은, 큰, 강한
	ad. 높이, 큰소리로
héroïne	n.f. 여걸, 여주인공
†héros	n.m. 영웅, 주인공, 주역
hésiter	v. 망설이다
heure	n.f. 시간
heureusement	ad. 다행히, 무사히
heureux(se)	a. 행복한
†hibou	n.m. 부엉이
hier	ad. 어제
	n.m. 어제
histoire	n.f. 이야기, 역사
hiver	n.m. 겨울

부록

homme	n.m. 사람; 남자
homosexuel(le)	a. 동성애의
	n. 동성애자
honnête	a. 정직한, 올바른
†honteux(se)	a. 부끄러워 하는
hôpital	n.m. 병원
horloge	n.f. 괘종시계, 큰 시계
horoscope	n.m. 점성
hôte(esse)	n. 주인
hôtel	n.m. 호텔
huile	n.f. 기름, 식용유
†huit	a., n.m. 8(의), 여덟(의)
huître	n.f. 굴
humain(e)	a. 인간의
	n.m. 인간, 인간성
humeur	n.f. 기분
humide	a. 습한, 습도가 높은

I

ici	ad. 여기에(서)
	d'ici : 이곳의, 현지의
idée	n.f. 생각, 아이디어
ignorance	n.f. 무지, 무식
île	n.f. 섬
image	n.f. 이미지, 영상
imaginer	v. 상상하다, 생각하다
imbécile	a. 어리석은, 멍청한
	n. 바보, 얼간이
immédiatement	ad. 즉각, 당장
important(e)	a. 중요한, 중대한
importer	v. 수입하다
impossible	a. 불가능한
imprimer	v. 인쇄하다, 출판하다
indiquer	v. 가리키다, 가르쳐주다
infini(e)	a. 무한한, 끝없는
infiniment	ad. 무한히, 대단히
infirmier(ère)	n. 간호사
information	n.f. 정보
inquiéter(s')	v.pr. 걱정하다, 염려하다
inscription	n.f. 기입, 기재, 등록
inscrire(s')	v.pr. 등록하다
insolent(e)	a. 무례한, 건방진
inspirer	v. 영감을 주다
installer	v. 거주[정착]시키다
installer(s')	v.pr. 거주[정착]하다
intelligent(e)	a. 영리한
interdire	v. 금지하다
intéressant(e)	a. 흥미로운, 재미있는
intéresser(s')	v.pr. 관심을 갖다, 흥미를 가지다
intérieur(e)	a. 내부의, 국내의
	n.m. 안, 내부, 국내
internet	n.m. 인터넷
interphone	n.m. 인터폰
inviter	v. 초대하다

J

jaloux(se)	a. 질투하는, 시샘하는
jambe	n.f. 다리
jambon	n.m. 햄
janvier	n.m. 1월
japonais(e)	a. 일본의, 일본인의
	n.m. 일본어
Japonais(e)	n. 일본인
jardin	n.m. 정원, 뜰
jaune	a. 노란
je	pro. 나
jeter	v. 던지다, 버리다
jeu	n.m. 장난, 시합, 게임
jeudi	n.m. 목요일
jeune	a. 젊은, 어린
	n. 젊은이
jeunesse	n.f. 젊음

joli(e)	a. 귀여운
joliment	ad. 귀엽게, 멋있게
jouer	v. 놀다, (경기를) 하다; 연주하다
	jouer au tennis : 테니스를 치다
joujou	n.m. 장난감
jour	n.m. 날, 하루, 낮, 햇빛
journal	n.m. 신문
journaliste	n. 신문기자
journée	n.f. 하루, 날
joyeux(euse)	a. 즐거운
juillet	n.m. 7월
juin	n.m. 6월
jumeau(elle)	a. 쌍둥이의
	n. 쌍둥이
jupe	n.f. 치마
jus	n.m. 즙, 주스
	jus d'orange : 오렌지 주스
jusqu'à	prép. ~까지
juste	a. 올바른, 정당한
	ad. 바로, 꼭
justement	ad. 바로, 적절하게

K

kilo	n.m. 킬로그램
kilomètre	n.m. 킬로미터

L

là-bas	ad. 저기에(서), 그곳에
laisser	v. 남기다, 내버려두다
lait	n.m. 우유
landau	n.m. 유모차
langue	n.f. 혀, 언어
large	a. 넓은, 큰 폭의
	n.m. 폭
latin(e)	a. 라티움의, 라틴어의
	n.m. 라틴어
laver	v. 씻다, 세탁하다
laver(se)	v.pr. 몸을 씻다, 세탁되다
leçon	n.f. 수업, 강의
lecteur(trice)	n. 독자
légal(e)	a. 법률의, 법적인
léger(ère)	a. 가벼운, 사소한
légume	n.m. 야채, 채소
lendemain	n.m. 다음날, 이튿날
lent(e)	a. 느린, 더딘
lentement	ad. 느리게, 천천히
lettre	n.f. 편지; (pl.) 문학
lever	v. 올리다, 들다
lever(se)	v.pr. 일어나다
liberté	n.f. 자유
libre	a. 한가한; 비어있는
librement	ad. 자유롭게, 마음대로
lieu	n.m. 장소, 곳
	au lieu de : ~하는 대신
ligne	n.f. 선, 노선, 항로
lion(ne)	n. 사자
lire	v. 읽다, 독서하다
lit	n.m. 침대
litre	n.m. 리터
littérature	n.f. 문학
livre	n.m. 책, 도서
livre	n.f. 파운드
loger	v. 숙박하다, 묵다
loi	n.f. 법, 법률
loin	ad. 멀리
	n.m. 먼 곳, 먼 거리
long(ue)	a. 긴
longtemps	ad. 오래, 오랫동안
louer	v. 세놓다; 세들다
lundi	n.m. 월요일
lune	n.f. 달
	être dans la lune : 멍한 상태에 있다

부록

lunette	n.f. 망원경; (pl.) 안경
lycée	n.m. 고등학교
lycéen(ne)	n. 고등학생

M

madame	n.f. 부인 (기혼 여성에 대한 경칭)
mademoiselle	n.f. 아가씨, 양 (미혼 여성에 대한 경칭)
magasin	n.m. 상점, 가게 *grand magasin* : 백화점
magnétophone	n.m. 녹음기
magnétoscope	n.m. 비디오테이프 녹화기
magnifique	a. 멋진, 훌륭한
mai	n.m. 5월
main	n.f. 손
maintenant	ad. 지금, 현재, 오늘날
mais	conj. 그러나, 하지만
maison	n.f. 집
maître(esse)	n. 주인
mal	n.m. 고통, 아픔 ad. 나쁘게
malade	a. 아픈 n. 환자
maladie	n.f. 병, 질환
malgré	prép. ~에도 불구하고
malheureux(se)	a. 불행한
malheureusement	ad. 불행히도
malin(igne)	a. 짓궂은
maman	n.f. 엄마
manche	n.f. 소매
manche	n.m. 손잡이, 자루
manger	v. 먹다
manifestation	n.f. 시위, 데모
manquer	v. 없다, 결석하다, 실패하다, 그리워하다; 놓치다
manteau	n.m. 외투, 망토
marché	n.m. 매매, 거래, 시장 *bon marché* : 염가의, 싼 값으로
marcher	v. 걷다
mardi	n.m. 화요일
mariage	n.m. 결혼, 결혼식
marier	v. 결혼시키다
marier(se)	v.pr. 결혼하다
marron	a. 밤색의
mars	n.m. 3월
matière	n.f. 물질
matin	n.m. 아침
mauvais(e)	a. 나쁜, 불량한; (날씨가) 궂은
méchant(e)	a. 심술궂은, 사나운
mécontent(e)	a. 불만족스러운
médecin	n.m. 의사
médicament	n.m. 약
méfier(se)	v.pr. 불신하다, 조심하다
meilleur(e)	a. 더 나은, 더 좋은
même	a. 같은; ~자신 *de même* 마찬가지로
mémoire	n.f. 기억(력), 기념, 추억
mémoire	n.m. 보고서, 논문
menteur(se)	a. 거짓말쟁이의 n. 거짓말쟁이
mentir	v. 거짓말하다
mer	n.f. 바다
merci	n.m. 감사 int. 감사합니다
mercredi	n.m. 수요일
mère	n.f. 어머니
météo	n.f. 일기예보
métier	n.m. 직업, 일
métro	n.m. 전철, 지하철
mettre	v. 놓다, (시간을) 요하다
midi	n.m. 정오
mieux	ad. 더 잘, 더 많이 (bien의 우등 비교급)

	valoir mieux : 더 낫다
mignon(ne)	a. 귀여운, 예쁜
milieu	n.m. 중앙, 한가운데
mille	a., n.m. 천(의)
million	n.m. 백만
mince	a. 가느다란, 날씬한
	int. 저런, 제기랄
ministre	n.m. 장관, 대신
	Premier ministre : 수상, 국무총리
minuit	n.m. 자정, 심야
minute	n.f. 분
miroir	n.m. 거울
mode	n.m. 방식, 방법
mode	n.f. 유행
modèle	n.m. 모형, 모델
moderne	a. 근대의, 현대의
moi	pro. 나 (1인칭대명사 강세형)
moins	a. 더 적게, 덜 (peu의 비교급)
mois	n.m. 달, 월, 한 달
moitié	n.f. 반, 절반
moment	n.m. 순간, 시기, 때
mon(ma, mes)	a. 나의 (소유형용사)
monde	n.m. 세상, 세계, 사회; 사람들
mondial(e)	a. 세계의, 세계적인
monnaie	n.f. 화폐, 잔돈, 거스름돈
monsieur	n.m. ~씨, 귀하
montagne	n.f. 산
monter	v. 오르다, 올라가다
monument	n.m. 기념비, 유적
morceau	n.m. 한 조각, 한 곡
mort(e)	a. 죽은, 사망한
	n.f. 죽음, 사망
mortel(le)	a. 죽게 마련인
mot	n.m. 단어, 낱말
mourir	v. 죽다, 사망하다
mouton	n.m. 양
mouvement	n.m. 운동, 동작, (사회적) 운동
moyen	n.m. 수단, 방법, 능력
muet(te)	a. 벙어리의
musée	n.m. 박물관, 미술관
musical(e)	a. 음악의
	n.m. 뮤지컬
musique	n.f. 음악, 곡

N

nager	v. 수영하다, 헤엄치다
naissance	n.f. 출생, 탄생
naître	v. 태어나다, 탄생하다
nation	n.f. 국민, 국가
national(e)	a. 국가의, 국영의, 국립의
nationalité	n.f. 국적
nature	n.f. 자연; 본성, 성격
naturel(le)	a. 자연의, 천연의, 타고난
naturellement	ad. 자연히, 자연스럽게
navigateur(trice)	a. 항해에 종사하는
	n. 항해사, 조종사
neige	n.f. 눈
neiger	v. 눈이 오다
nettoyer	v. 치우다, 청소하다
neuf	a., n.m. 9(의), 아홉(의)
neuf(ve)	a. 새로운
neuvième	a. 9번째의
nez	n.m. 코
nièce	n.f. 조카딸, 질녀
Noël	n.m. 크리스마스
noir(e)	a. 검은, 흑인의; 우울한; 불법의
	n.m. 검은 색, 어둠, 밤
nom	n.m. 이름, 명사
nombre	n.m. 수, 수효
nombreux(se)	a. 많은
nord	n.m. 북, 북쪽
normal(e)	a. 정상의, 표준의

부록

normalement	ad. 보통으로, 정상적으로
novembre	n.m. 11월
nouveau(elle)	a. 신규의, 새로 교체한; 새로운, 최신의
nouvelle	n.f. 소식, 정보
nuire	v. ~을 해치다
nuire(se)	v.pr. 서로 손해를 입히다
nuit	n.f. 밤, 수면(시간), 일박
numéro	n.m. 번호, 숫자 *numéro de téléphone* : 전화번호

O

obéir	v. 복종하다, 따르다
obéissant(e)	a. 순종하는, 온순한
objet	n.m. 목적, 주제, 사물
obligatoire	a. 필수적인
obligé(e)	a. 의무가 있는, 불가피한
obtenir	v. 얻다, 획득하다
occasion	n.f. 기회, 경우
occupé(e)	a. 바쁜, 통화중인
occuper	v. 점거하다, 차지하다
octobre	n.m. 10월
œil	n.m. 눈 (pl. yeux)
œuf	n.m. 알, 달걀
œuvre	n.f. 작품, 저서
office	n.m. 사무소, 영업소
offrir	v. 주다, 제공하다
oiseau	n.m. 새
oncle	n.m. 삼촌, 백부, 숙부, 이모부, 고모부
orange	n.f. 오렌지
ordinateur	n.m. 컴퓨터
ordre	n.m. 순서, 차례
organiser	v. 조직하다, 기획하다
oser	v. 대담하게 ~하다
où	ad. 어디에, 어디로
oublier	v. 잊다
ouest	n.m. 서, 서쪽
ouvrier(ère)	n. 노동자, 노동자 계급
ouvrir	v. 열다, 트다

P

pain	n.m. 빵
paix	n.f. 평화, 평화조약
panne	n.f. 고장, 정지 *être en panne* : 고장나다
pantalon	n.m. 바지
papa	n.m. 아빠
papier	n.m. 종이, 서류, 문서
paquet	n.m. 소포, 꾸러미
paraître	v. 나타나다, 출현하다
paralyser	v. 마비시키다
parapluie	n.m. 우산
parc	n.m. 공원, 정원
parce que	conj. 왜냐하면
pardon	n.m. 용서
pareil(le)	a. 같은, 비슷한
parfait(e)	a. 완벽한, 완전한
parfaitement	ad. 완벽하게, 훌륭하게
parents	n.m.pl. 부모
parlant(e)	a. 수다스러운, 음성을 재현하는
parlé(e)	a. 말해지는
parler	v. 말하다, 이야기하다
parole	n.f. 말, 약속
part	n.f. 몫, 분담, 부담, 협력
partager	v. 공유하다
parti	n.m. 정당, 당파
participation	n.f. 참여
participer	v. 참여하다
partie	n.f. 부분, 일부; 상대방
partir	v. 출발하다, 떠나다

partout	ad. 도처에, 사방에
passe-partout	n.m. 만능열쇠
passer	v. 지나가다; 보내다; (시험을) 치르다
passer(se)	v.pr. (일 따위가) 일어나다, 발생하다
passion	n.f. 정열, 열정
patience	n.f. 인내
patienter	v. 참다
patron(ne)	n. 주인, 사장
pauvre	a. 불쌍한, 가난한
payer	v. 지불하다
pays	n.m. 나라, 지방, 고향
paysage	n.m. 풍경, 경치
paysan(ne)	n. 농부
peindre	v. 그리다, 칠하다
peintre	n.m. 화가
peinture	n.f. 미술, 회화
pendant	prép. ～동안에
penser	v. 생각하다
perdre	v. 잃다, 상실하다
père	n.m. 아버지
permettre	v. 허락[허가, 승인]하다
permettre(se)	v.pr. (실례를 무릅쓰고) 감히 ～하다
pcrsonnc	n.f. 사람
	pro. 아무도 ～않다
peser	v. (무게를) 달다
petit(e)	a. (키가) 작은; 어린
petit déjeuner	n.m. 아침식사, 조반
peu	ad. 조금, 적게; [un ～] 약간, 조금
peur	n.f. 두려움, 공포
	avoir peur : 두렵다
peut-être	ad. 아마도, 어쩌면
pharmacie	n.f. 약국
philosophie	n.f. 철학

photo	n.f. 사진
phrase	n.f. 문장, 문
pièce	n.f. 조각, 파편; 희곡
pied	n.m. 발
	à pied : 걸어서, 도보로
pile	ad. 정확하게, 때맞춰
piscine	n.f. 수영장
place	n.f. 장소, 위치; 좌석(권)
	à la place de : ～의 입장에, ～대신에
plaire	v. 마음에 들다
plaisir	n.m. 기쁨, 즐거움
plan	n.m. 도면, 지도, 계획
plat	n.m. 요리
	plat du jour : 오늘의 요리
	plat principal : 주요리
plein(e)	a. 가득 찬, 충만한
pleurer	v. 울다
pleureur(se)	a. 울기 잘 하는
	n. 울보
pleuvoir	v. 비가 오다
plupart	n.f. 대부분, 대다수
	la plupart de : 대부분의
plus	ad. 보다 더, 더 많이 (beaucoup의 우등비교급)
plutôt	ad. 오히려, 차라리
pneu	n.m. 타이어
poche	n.f. 주머니
poème	n.m. 시(작품)
poésie	n.f. (문학 장르로서의) 시
poète	n.m. 시인
point	n.m. 한 점, 지점; 항목, 요점
	point de vue : 관점, 의견
poisson	n.f. 생선, 물고기
poli(e)	a. 공손한, 정중한
poliment	ad. 공손하게, 정중하게
politique	n.f. 정치

부록

pollution	n.f. 오염, 공해
pomme	n.f. 사과
pont	n.m. 다리
portable	n.m. 휴대폰, 노트북 컴퓨터
portail	n.m. 정문, 대문
porte	n.f. 문
portefeuille	n.m. 지갑
porte-monnaie	n.m. 동전지갑
porter	v. 들다, 가지고 있다
porter(se)	v.pr. 건강 상태가 ~하다
poser	v. 놓다, 위치시키다
posséder	v. 소유하다
possible	a. 가능한
poste	n.f. 우체국
poste	n.m. 직, 직위, 부서
postérieur(e)	a. 후의, 나중의
pour	prép. ~을 위하여, ~행의
pourquoi	conj. 왜
pouvoir	v. ~할 수 있다, ~해도 좋다 n.m. 능력, 권위
précédent(e)	a. 앞선
précis(e)	a. 명확한, 정확한
précisément	ad. 명확하게, 정확하게
préciser	v. 명확하게 하다
préférer	v. 선호하다, 더 좋아하다
premier(ère)	a. 처음의, 첫 번째의; 원래의
prendre	v. 먹다, 마시다, 들다 ; (사진을) 찍다
préparer	v. 준비하다
près	ad. 가까이(에) *près de* : 가까이에
présent(e)	a. 참석한, 출석한 n. 참석자, 출석자 n.m. 현재, 지금
présentement	ad. 지금, 현재
présenter	v. 소개하다, 추천하다
présenter(se)	v.pr. 자기를 소개하다, 출두하다
président	n. 대통령, 회장
presque	ad. 거의, 대부분
prêt(e)	a. 준비된
prévenir	v. 알리다, 예고하다
prévu(e)	a. 예정된
prier	v. 기도하다, 간청하다
prince	n.m. 군주, 왕자
princesse	n.f. 왕녀, 공주
principal(e)	a. 중요한, 주된
prix	n.m. 가격, 상
problème	n.m. 문제, 문제점
prochain(e)	a. 다음의
proche	a. 인접한, 이웃의 n. 친구, 친족
professeur	n.m. 교수, 교사
profession	n.f. 직업
profond(e)	a. 깊은, 심원한
profondément	ad. 깊게, 정중하게
promenade	n.f. 산책, 산보
promener	v. 산책시키다
promener(se)	v.pr. 산책하다
propos	n.m. 말, 이야기
proposition	n.f. 제안, 제의
propre	a. 고유한, 본래의, 적절한; 깨끗한
prudemment	ad. 신중하게
prudent(e)	a. 신중한
public(que)	a. 공공의, 공적인
puis	ad. 그리고 나서, 그 후에
pull	n.m. 스웨터

Q

quand	ad. 언제, 어느 때 *quand même* : 그렇지만, 그래도
quart	n.m. 4분의 1, 15분
quartier	n.m. 구역, 지역

quatre	a., n.m. 4(의), 넷(의)
que	pro. 무엇을, 어떤 것을
quel(le)	a. 어떤, 무슨
quelque	a. 어느, 어떤
quelque chose	pro. 어떤 것
queue	n.f. 꼬리, 줄, 열 *faire la queue* : 줄을 서다
qui	pro. 누가, 누구를
quitter	v. 떠나다, 그만두다
quoi	pro. 무엇(을)
quotidien(ne)	a. 일상의

R

raconter	v. 이야기하다
radio	n.f. 라디오
rail	n.m. 레일
raison	n.f. 이성, 이유 *avoir raison* : 옳다
rang	n.m. 열, 줄
rapide	a. 빠른, 신속한
rappeler	v. 다시 부르다, 다시 전화하다
rappeler(se)	v.pr. 기억하다, 회상하다
rare	a. 드문, 희귀한, 예외적인
rarement	ad. 드물게
rayon	n.m. 매장, 코너
recevoir	v. 수신하다; 맞이하다
recommandation	n.f. 추천, 천거
recommander	v. 천거하다, 권하다
reconnaissant(e)	a. 감사하는, 감사의 뜻을 표하는
reconnaître	v. 알아보다; 인정하다, 승인하다
réfléchir	v. 숙고하다, 곰곰히 생각하다
refuser	v. 거절하다
regarder	v. 보다, 바라보다
région	n.f. 지역, 지방, 지대
règle	n.f. 규칙, 규정
regrettable	a. 유감스러운
regretter	v. 후회하다
reine	n.f. 왕비, 왕후, 여왕
relire	v. 다시 읽다, 재독하다
remarquer	v. 알아차리다, 지적하다
remède	n.m. 약
remercier	v. 감사하다
rencontre	n.f. 만남
rencontrer	v. 만나다
rendez-vous	n.m. 약속
rendre	v. 돌려주다, ~하게 만들다
rendre(se)	v.pr. 항복하다, 굴복하다
renseigner	v. 정보를 제공하다
renseigner(se)	v.pr. ~에 관해 문의하다
rentrée	n.f. 귀가; 개학
rentrer	v. 다시 돌아오다, 되돌아오다
repas	n.m. 식사
répondre	v. 대답하다, 응하다
reposer(se)	v.pr. 휴식을 취하다, 쉬다
reprendre	v. 되찾다
représenter	v. 나타내다, 표시하다; 대표하다
république	n.f. 공화국
réputé(e)	a. 유명한
réservation	n.f. 예약
réserver	v. 예약하다
résider	v. 거주하다
résoudre	v. 해결하다
respecter	v. 존중하다, 존경하다
respirer	v. 호흡하다
restaurant	n.m. 식당, 레스토랑
rester	v. (같은 상태에) 있다, 여전히 ~하다
resto	n.m. 식당
résultat	n.m. 결과
retard	n.m. 지각, 늦음, 연착
retirer	v. 꺼내다, 물러가게 하다

부록

retirer(se)	v.pr. 물러나다
retraite	n.f. 퇴직, 은퇴
réussir	v. 성공하다; [~ à] 합격하다
rêve	n.m. 꿈
réveiller	v. 잠을 깨우다
réveiller(se)	v.pr. 잠을 깨다
revenir	v. 돌아오다
revoir	v. 다시 보다, 다시 만나다
révolution	n.f. 혁명
riche	a. 부유한
rideau	n.m. 커튼
rien	pro. 아무것도, 사소한 일
rire	v. 웃다
	n.m. 웃음
rivière	n.f. 강, 하천
riz	n.m. 쌀, 밥
robe	n.f. 드레스, 원피스
roi	n.m. 왕, 임금
rôle	n.m. 역, 역할
roman	n.m. 소설
rond(e)	a. 둥근
rouge	a. 붉은색의, 붉은
	n.m. 붉은색, 루즈
rouler	v. 달리다, 차를 몰다
route	n.f. 도로, 여정
rue	n.f. 거리, 길
russe	a. 러시아의, 러시아인의
	n.m. 러시아어
Russe	n. 러시아인

S

sac	n.m. 가방, 배낭
saison	n.f. 계절
salade	n.f. 샐러드
sale	a. 비열한; 더러운
salle	n.f. 실, 방
	salle de bain : 욕실
	salle de classe : 교실
salon	n.m. 응접실, 휴게실
saluer	v. 인사하다
salut	n.m. 인사, 인사말
	int. 안녕
salutation	n.f. 공손한 인사, (편지 따위에서) 안부(의 말)
samedi	n.m. 토요일
sandwich	n.m. 샌드위치
sans	prép. ~없이, ~없는
santé	n.f. 건강
satisfaisant(e)	a. 만족스러운
saucisson	n.m. 소시지
sauf	prép. ~을 제외하고
saumon	n.m. 연어
savoir	v. 알다
	n.m. 지식, 학문
sec(èche)	a. 건조한
second(e)	a. 제2의, 둘째의
secteur	n.m. 산업[활동] 분야
sel	n.m. 소금
semaine	n.f. 주, 1주간
sembler	v. ~처럼 보이다
sens	n.m. 직감, 센스
sentir	v. 느끼다, 지각하다
sentir(se)	v.pr. (기분이) ~하다
septembre	n.m. 9월
sérieux(se)	a. 신중한
servir	v. 대접하다, 내놓다
serviteur	n.m. 봉사자
seul(e)	a. 혼자인, 유일한
seulement	ad. 단지, 오직, 방금, 막
si	conj. 만일 ~하면
si	ad. 그렇게, 그토록; (부정의 물음에 대한 긍정의 답) 아니오
siècle	n.m. 세기, 시대

sieste	n.f. 낮잠
	faire la sieste : 낮잠을 자다
signaler	v. 알리다
simple	a. 간결한, 간단한
simplement	ad. 간단하게, 오직
site	n.m. 경치, 지역, 사이트
situation	n.f. 상황
situer	v. 위치시키다, 설정하다
situer(se)	v.pr. 위치하다, 자리잡다
slogan	n.m. 슬로건
social(e)	a. 사회의, 사회적인
société	n.f. 사회; 회사
soif	n.f. 목마름
	avoir soif : 목 마르다
soigner	v. 마음을 쓰다, 보살피다
sœur	n.f. 언니, 누나, 여동생
soir	n.m. 저녁, 밤
soirée	n.f. 저녁, 파티, 밤 공연
solde	n.m. 세일
soleil	n.m. 해, 태양
solidarité	n.f. 연대, 결속
solliciter	v. 간청하다, 청원하다
solution	n.f. 해답, 해결책
somme	n.f. 합계, 총계, 금액
sommeil	n.m. 잠, 수면
	avoir sommeil : 졸리다
sonner	v. (종 따위가) 울리다
sorte	n.f. 종류, 범주
	une sorte de : 일종의
sortie	n.f. 출구
sortir	v. 외출하다
sot(te)	a. 어리석은
	n. 바보, 멍청이
souffrir	v. 참다, 견디다
souhaiter	v. 바라다, 기원하다
souper	v. 밤참을 먹다
	n.m. 밤참, 야식
sourd-muet	n.m. 농아
souvenir	n.m. 추억, 회상, 기념품
souvenir(se)	v.pr. 회상하다, 기억하다
souvent	ad. 자주
spécial(e)	a. 특별한, 특수한, 특유의
spectacle	n.m. 광경; 공연, 연극
spectateur(trice)	n. 관람객
sport	n.m. 운동, 스포츠
sportif(ve)	a. 운동을 좋아하는
stage	n.m. 연수, 실습
station	n.f. 정류장, 정거장
stylo	n.m. 펜
sucre	n.m. 설탕
sud	n.m. 남, 남쪽
suffire	v. 충분하다, 족하다
suite	n.f. 연속, 후속
	tout de suite : 즉시
super	a. 멋진
supérieur(e)	a. 상부의, ~보다 우위의
	n.m. 상급자
supermarché	n.m. 슈퍼마켓
sur	prép. ~의 위에; ~에 관해
sûr(e)	a. 확실한
	bien sûr : 물론
sûrement	ad. 확실하게, 분명
surpris(e)	a. 놀란, 당혹한
surtout	ad. 특히, 무엇보다도 더
succéder	v. ~의 뒤를 잇다
succéder(se)	v.pr. 잇달아 오다, 계승하다
sympathique	a. 마음에 드는, 기분 좋은, 쾌적한
système	n.m. 체계, 조직

T

table	n.f. 테이블
tableau	n.m. 그림

부록

talent	n.m. 재능, 소질
tant	ad. 그렇게 많이
	tant de : 그렇게 많은
tante	n.f. 숙모, 이모, 고모
tard	ad. 늦게, 나중에
tarte	n.f. 파이
tasse	n.f. 잔, 찻잔
taxi	n.m. 택시
téléphone	n.m. 전화
	téléphone portable : 휴대폰
téléphoner	v. 전화하다
télévision	n.f. 텔레비전
tellement	ad. 그토록, 그처럼, 매우
temps	n.m. 시간, 여유
tenir	v. 잡다, 붙잡다, (약속 따위를) 지키다
terminer	v. 끝마치다, 종료하다
terre	n.f. 땅, 지구(Terre)
tête	n.f. 머리
tête-à-tête	n.m. 대화, 대담
thé	n.m. 차
théâtre	n.m. 연극, 극장
thon	n.m. 참치
timbre	n.m. 우표
timide	a. 수줍어하는
tirer	v. 잡아당기다, 끌어당기다
toi	pro. 너 (2인칭대명사 강세형)
tomate	n.f. 토마토
tomber	v. 넘어지다
tonner	v. 천둥치다
tort	n.m. 잘못, 과실
	avoir tort : 잘못이다, 틀리다
toucher	v. 만지다; 충격을 주다, 피해를 입히다
tôt	ad. 곧, 일찍이
toujours	ad. 언제나, 항상, 여전히
tour	n.f. 탑
tour	n.m. 일주, 산책
tourisme	n.m. 여행, 관광
touriste	n. 관광객, 여행객
tourner	v. 돌다, 방향을 바꾸다
tousser	v. 기침하다
tout(e)	a. 모든, 전부
	n.m. 전체, 총체
	ad. 매우, 완전히
	tout de suite : 즉시
tragique	a. 비운의, 비극적인
train	n.m. 기차
traiter	v. ~로 취급하다
tranquille	a. 고요한, 조용한, 편안한
transport	n.m. 운반, 교통
travail	n.m. 일, 공부
travailler	v. 일하다, 공부하다
travailleur(se)	n. 노동자
	a. 근면한
traverser	v. 횡단하다, 가로지르다
triste	a. 슬픈
trois	a., n.m. 3(의), 셋(의)
tromper(se)	v.pr. 잘못하다, 실수하다
trop	ad. 지나치게, 과도하게
	trop de : 너무 많은
trou	n.m. 구멍
troupe	n.f. 무리; 군대
trouver	v. 발견하다, 찾아내다
tu	pro. 너
tuer	v. 죽이다
tuyau	n.m. 관, 파이프
type	n.m. 유형, 타입, 모델

U

unique	a. 유일한
uniquement	ad. 오로지, 단지
universitaire	a. 대학의

université	n.f. 대학교
usine	n.f. 공장
utile	a. 유용한, 유익한

V

vacance	n.f. 공석; (pl.) 바캉스
va-et-vient	n.m. 왕복, 왕래
valise	n.f. (여행용) 가방
valoir	v. 값이 나가다, 가치가 있다, 유효하다
veille	n.f. 전날, 전야
vélo	n.m. 자전거
vendeur(euse)	n. 판매원
vendre	v. 팔다, 판매하다
vendredi	n.m. 금요일
venir	v. 오다
	venir de+inf. : 방금 ~하다
vent	n.m. 바람
venter	v. 바람이 불다
véritable	a. 실제의, 진짜의, 진정한
vérité	n.f. 진실, 진리
verre	n.m. 유리, 유리 제품
vers	prép. (시간) ~경에; (방향) ~쪽으로
vert(e)	a. 녹색의, 푸른
	n.m. 녹색, 초록색
vertu	n.f. 미덕
vêtement	n.m. 옷, 의류
veuf(ve)	n. 홀아비, 과부
viande	n.f. 고기
vie	n.f. 생명, 일생, 생계, 생활비
vieux(eille)	a. 늙은, 연상의, 오래된
	n. 노인, 늙은이
village	n.m. 마을, 촌락, 시골
ville	n.f. 도시, 시
vin	n.m. 포도주, 와인
vingt	a., n.m. 20(의)
violent(e)	a. 난폭한, 거친, 폭력적인
violemment	ad. 난폭하게, 맹렬하게
violon	n.m. 바이올린
visage	n.m. 얼굴
visite	n.f. 방문, 견학
visiter	v. 방문하다, 면회하다
vite	ad. 빨리
vitesse	n.f. 속도
vitrail	n.m. 채색유리
vivre	v. 살다, 생활하다
vœu	n.m. 기원, 맹세
voici	prép. 여기 ~이 있다
voilà	prép. 저기 ~이 있다
voir	v. 보다, 만나다
voisin(e)	a. 이웃의, 인접한
	n. 이웃
voiture	n.f. 자동차, 객차
voix	n.f. 목소리, 음성, 말
volcan	n.m. 화산
volontiers	ad. 기꺼이
vouloir	v. 원하다, 바라다
voyage	n.m. 여행
voyager	v. 여행하다
voyageur(se)	n. 여행객, 승객
vrai(e)	a. 실제의, 사실의
vraiment	ad. 정말로, (강조) 매우
vue	n.f. 시력, 조망, 전망

W, X, Y, Z

week-end	n.m. 주말, 주말휴가
yeux	n.m.pl. ⇒ œil
zéro	n.m. 영(0)

저자__**하영동**

전남대학교 인문대학 불어불문학과 교수. 프랑스 루앙대학교 언어학과를 졸업하고 불어교수법(FLE)으로 석사 학위를 받았으며 언어학과의 박사과정(DEA)을 수료하였다. 전남대학교에서 박사 학위를 받고 프랑스 릴 3대학에서 DEL 과정을 마쳤다. 저서로는 『새한불사전』(공저), 『불·한 신조어 사전』(공저), 『대학 프랑스어』(공저), 『프랑스어 글쓰기』(공저), 『세계의 언어사전』(공저), 『프랑스어 사전의 역사』, 『또한번의 프랑스』(공저) 등이 있고, 논문으로는 「프랑스 언어대사전 *TLF*의 특징과 사전학적 의의」, 「불한사전의 용법 표지 붙이기 일관성 연구」, 「프랑스 아카데미 사전 : 전통과 혁신」, 「프랑스어 학습 사전 연구」, 「프랑스와 한국의 초등학생용 사전 비교 연구」 등이 있다.

제3판
프랑스어 문법 강의
Cours de grammaire du français

초 판 발행 | 2012년 2월 20일
제2판 발행 | 2013년 8월 26일
제3판 발행 | 2015년 8월 31일
제3판 3쇄 | 2022년 2월 22일

저자 | 하영동
발행인 | 정성택
발행처 | 전남대학교출판문화원

등록 | 1981. 5. 21. 제53호
주소 | 61186 광주광역시 북구 용봉로 77
전화 | (062) 530-0573
팩스 | (062) 530-0579
홈페이지 | http://www.cnup.co.kr

값 13,000원

ISBN 978-89-6849-239-6 (93760)

이 도서의 국립중앙도서관 출판예정도서목록(CIP)은
서지정보유통지원시스템 홈페이지(http://seoji.nl.go.kr)와
국가자료공동목록시스템(http://www.nl.go.kr/kolisnet)에서 이용하실 수 있습니다.
(CIP제어번호 : CIP2015023133)